미자언니네 집밥

미자언니네 집밥

선미자 지음

taste BOOKS

Intro

'집밥'은 '집에서 지은 밥', 또는 '집에서 끼니로 먹는 밥'을 말합니다. 하지만 저는 집밥이라는 두 글자 안에 더 큰 의미가 담겨 있다고 생각합니다. 집밥을 먹는다는 것은 식구끼리 둘러앉아 대화를 할 수 있는 자리가 마련되는 것이고, 밥을 먹으며 소통하고 교감을 나누게 됩니다. 그래서 집밥은 단순히 끼니로 먹는 밥 이상의 시간적, 공간적 매개체입니다.

누군가를 위해 요리를 한다는 것은 그 사람을 향한 온전한 마음과 정성이 필요하고 그 결실은 한 그릇, 한 그릇에 그대로 담긴다고 믿습니다.

저에게 집밥은 더욱 특별합니다. 어릴 때부터 혼자 외국 생활을 하던 아들이 사춘기 무렵 귀국했습니다. 초등학교 때까지는 대화가 잘되던 아들이 마음의 문을 닫고 입을 열지 않기 시작했죠. 마음이 무겁던 어느 날 감자수제비가 먹고 싶다던 아들의 말에 벅찬 마음으로 음식을 차렸고, 너무 맛있게 먹었다며 말을 건네는 아들을 보며 아이들을 위해 더욱 요리에 집중하게 되었습니다. 집밥이 소통의 매개체란 것을 다시 일깨워준 계기였습니다.

이제 막 요리의 세계로 입문한 초보자들, 결혼하고 가정을 꾸린 신혼부부들, 또는 오랫동안 요리를 했지만 아직도 요리에 대한 두려움이 있는 분들까지. 많은 쿠킹 클래스와 신부 수업, 이바지 수업을 진행하면서 요리를 어려워하는 분들이 많다는 것을 알았습니다. 또한 현대인들은 인스턴트 음식이나 화학조미료가 첨가된 음식에 쉬이 노출돼 있죠. 그런 분들에게 집에서도 쉽게 따라 할 수 있는 건강한 요리를 알려주는 기본서가 필요하다는 생각으로 이 책을 준비했습니다. 때론 가족을 위한, 사랑하는 사람들을 위한, 또는 나를 위한 건강한 집밥을 차려보면 어떨까요?
《미자언니네 집밥》을 통해 맛과 정성이 들어간 요리를 선물하고 싶습니다.

요리연구가 선미자

*도움 주신 분들
화소반, 문도방, 윤현상재, 김명진, 이혁준, 신아영

목차

국, 찌개, 탕

든든한 반찬

즉석 반찬

밑반찬

저장 반찬

기본 국물과 양념

국, 찌개, 탕

레시피를 소개합니다.

한 한끼를 완성해보세요. 신선한 재료의 맛을 살리는 특별한

지친 몸을 채워줄 건강한 탕으로, 매일의 맛있는 찌개로 따뜻

푸짐해집니다. 추운 겨울에는 따뜻한 국물로, 더운 여름에는

밥상을 차릴 때 국이나 찌개, 탕 하나만 있어도 든든하고

감자된장국

담백한 된장국은 언제 먹어도 맛있고 든든합니다.
아침 식사에 곁들이면 하루가 거뜬하죠. 된장국에 고추장,
들깻가루까지 넣은 건강한 국입니다.
포슬포슬한 감자를 큼직하게 썰어 넣어서 더 먹음직스럽고 든든합니다.

재료

● 4인 분량

감자(중간 크기) ——— 3개
대파 ——— $\frac{1}{2}$대
멸치국물 ——— 7컵(P.195 참조)
들깻가루 ——— $\frac{1}{2}$컵
된장 ——— $2\frac{1}{2}$큰술
고추장 ——— $2\frac{1}{2}$큰술
마늘 다진 것 ——— 1큰술
소금 ——— $\frac{1}{2}$작은술

만드는 법

감자는 4등분한다.

대파는 5cm 정도 길이로 자른다.

멸치국물을 냄비에 넣고 된장과 고추장을 푼다.

미자언니의 꿀팁!
깔끔한 맛을 좋아한다면 감자를 물에 살짝 헹궈서 전분기를 뺀다.

감자와 들깻가루를 넣고 뚜껑을 덮은 뒤 중불에서 10~15분 정도 끓인다.

대파, 마늘, 소금을 넣고 한소끔 더 끓인다.

김치콩나물국

시원하고 깔끔한 김치콩나물국은 어린 시절 자주 먹었던 국입니다.
김치의 감칠맛이 있어 언제 먹어도 맛있죠.
아삭아삭한 콩나물의 식감을 살려서 만들어보세요.
좀 더 씹는 맛이 있어서 더욱 맛있습니다.

재료

• 4인 분량

김치 ―――― 150g
콩나물 ―――― 100g
대파 ―――― $\frac{1}{4}$대
홍고추 ―――― $\frac{1}{2}$개
멸치국물 ―――― 7컵(P.195 참고)
마늘 다진 것 ―――― 1큰술
국간장 ―――― 1큰술
액젓(멸치, 꽃게) ―――― 1큰술
소금 ―――― 1작은술

만드는 법

1
김치는 송송 썰고 대파는 어슷하게 썬다.

2
홍고추는 씨를 제거하고 두께 0.3cm, 길이 5cm 정도로 채썬다.

3
김치와 멸치국물을 냄비에 넣고 한소끔 끓인 뒤 콩나물을 넣고 마늘, 국간장, 액젓, 소금으로 간한다.

미자언니의 꿀팁!
콩나물을 넣고 나서는 뚜껑을 열고 끓인다. 뚜껑을 닫으면 콩나물 특유의 비린내가 날 수 있다.

4
한번 더 끓으면 불을 끈다.

5
대파와 홍고추를 넣는다.

꼬막순두부찌개

꼬막을 넣은 맑은 순두부찌개입니다.
매콤한 순두부찌개도 좋지만 가끔은 담백하고 맑은 순두부찌개를 만들어보세요.
호불호 없이 누구나 좋아하는 맛입니다.
꼬막 대신 바지락이나 모시조개를 넣어도 좋아요.

재료

• 4인 분량

꼬막(살) ——— 150g
순두부 ——— 1봉(350g)
무 ——— 100g
새송이버섯 ——— 30g
양파 ——— $\frac{1}{4}$개
대파 ——— $\frac{1}{2}$대

멸치다시마국물 ——— 3컵(P.196 참조)
참기름 ——— $1\frac{1}{2}$큰술
식용유 ——— 1큰술
참치액 ——— 1큰술
마늘 다진 것 ——— 2작은술
액젓(멸치, 꽃게) ——— $1\frac{1}{2}$작은술

소금 ——— $1\frac{1}{2}$작은술
후추 ——— 약간

만드는 법

무는 2.5x2.5cm 정도로 나박썰기한다.

새송이버섯은 0.3cm 두께로 슬라이스한다.

양파는 1.5cm 크기로 깍둑썰기하고 대파는 2.5cm 길이로 자른다.

달군 냄비에 꼬막, 식용유, 마늘을 넣고 살짝 볶는다.

4에 멸치다시마국물을 넣고 한소끔 끓인다.

국물이 끓어오르면 순두부, 무, 새송이버섯, 양파를 넣고 중불에서 10분 정도 끓인다.

미자언니의 꿀팁!
꼬막을 식용유에 한 번 볶아서 사용하면 국물 맛이 더 구수해진다.

참치액, 액젓, 소금을 넣어 간한다.

대파를 넣고 참기름, 후추를 넣은 뒤 마무리한다.

차돌박이된장찌개

한국인의 밥상에서 빠질 수 없는 요리, 된장찌개입니다.
된장찌개에 좀 더 깊은 맛을 내고 싶다면 차돌박이를 넣어보세요.
구수하면서도 깊은 맛의 국물이 자꾸자꾸 먹고 싶습니다.
계절에 따라 달래나 냉이를 넣어도 좋습니다.

유부미역된장국

국물을 오래 끓일 필요가 없어 바쁜 아침에 간편하게 끓이기 좋은 국입니다.
유부의 고소한 맛과 미역의 담백한 맛이 잘 어우러지는 된장국이죠.
냉장고에 바지락이나 조개가 있다면 추가해보세요. 감칠맛이 배가됩니다.

차돌박이된장찌개

재료

• 4인 분량

- 소고기(차돌박이) — 40g
- 두부 — $\frac{1}{3}$모
- 양파 — 50g
- 애호박 — $\frac{1}{4}$개
- 감자 — $\frac{1}{2}$개
- 대파 — $\frac{1}{2}$대
- 청양고추 — 1개

• 소고기 밑간

- 마늘 다진 것 $\frac{1}{2}$작은술
- 참기름 $\frac{1}{2}$작은술
- 참치액 $\frac{1}{2}$작은술
- 후추 약간

• 국물

- 쌀뜨물 1$\frac{1}{2}$컵, 된장 2큰술
- 고추장 $\frac{1}{2}$큰술, 고춧가루 1작은술
- 액젓(멸치, 꽃게) 1작은술

만드는 법

두부와 양파는 1cm 크기로 깍둑썰기한다.

애호박은 반달 모양으로 자르고 감자는 1.5cm 크기로 깍둑썰기한다.

대파와 청양고추는 송송 썬다.

분량의 밑간 양념을 골고루 섞고 차돌박이를 넣어 조물조물 무치고 10분 정도 둔다.

미자언니의 꿀팁!
차돌박이를 먼저 밑간하고 달달 볶은 뒤 국물을 넣으면 더 진하고 양념이 잘 밴다.

냄비를 약불로 달구고 4를 넣은 뒤 핏물이 없어질 때까지 달달 볶는다.

냄비에 국물 재료를 모두 넣고 끓인 뒤 감자를 먼저 넣고 끓인다.

양파, 애호박, 두부, 청양고추 순서대로 넣고 채소가 모두 익을 때까지 끓인다. 거품이 생기면 걷어낸다.

대파를 넣고 한소끔 끓인다.

유부미역된장국

재료

• 4인 분량

유부 ——— 4장
건미역 ——— 5g
팽이버섯 ——— 30g
쪽파 ——— 20g
멸치다시마국물 ——— 5컵(P.196 참조)
미소 ——— 2작은술
국간장 ——— 1작은술

만드는 법

미역은 물에 넣어 너무 퍼지지 않을 정도로 불리고 물기를 제거한 뒤 한입 크기로 썬다.

유부는 끓는 물에 살짝 데치고 체에 밭쳐 기름기를 제거한다.

기름기가 빠진 유부를 1~2cm 너비로 채썬다.

미자언니의 꿀팁!
유부를 끓는 물에 넣어 데치면 산패된 기름을 제거할 수 있다.

쪽파는 송송 썬다.

팽이버섯은 먹기 좋게 자른다.

멸치다시마국물을 냄비에 넣어 10분 정도 끓이다가 유부, 미역, 미소된장, 국간장을 넣고 한소끔 끓인다.

미자언니의 꿀팁!
국물에 재료를 넣고 끓일 때는 10분이 넘지 않도록 한다.

쪽파와 팽이버섯을 넣고 마무리한다.

돼지고기부대찌개

햄을 너무 많이 넣은 부대찌개가 부담스럽다면 돼지고기를 넣어
좀 더 깔끔하고 구수한 맛의 부대찌개를 만들어보세요.
누구나 좋아하는 부담 없는 부대찌개입니다.
떡이나 라면이 있다면 추가해도 좋아요.

오징어섞어찌개

싱싱한 오징어를 넣어 더욱 신선하고 얼큰한 오징어섞어찌개입니다.
칼칼한 양념을 풀어 넣고 각종 채소를 넣어서 맛도 개운하죠.
술안주로도 좋고 해장으로도 좋은 찌개입니다.
시원한 맛을 더해주는 콩나물을 추가해도 좋습니다.

돼지고기부대찌개

재료

• 4인 분량

돼지고기(목살) — 100g
김치 — 100g
스팸 — 80g
소시지 — 60g
양파 — ½개
포크빈(통조림) — ¼컵
대파 — ¼대
김칫국물 — ¼컵
슬라이스 햄 — 1장

• 국물

멸치국물 6컵(P.195 참조)
국간장 1큰술
액젓(멸치, 꽃게) ½작은술
후추 ⅓작은술

• 양념

고춧가루 2큰술
마늘 다진 것 1큰술
고추장 ½큰술
설탕 2작은술
국간장 1작은술
생강 다진 것 ½작은술

만드는 법

돼지고기는 먹기 좋게 한입 크기로 썬다.

김치는 물에 씻어서 2cm 너비로 썬다.

스팸과 양파는 0.5cm 두께로 썬다.

미자언니의 꿀팁!
김치는 양념을 물에 한 번 씻어 주면 국물이 텁텁하지 않고 담백하다.

4

소시지는 어슷하게 썬다.

5

슬라이스 햄은 사각형 모양으로 4등분하고 대파는 5cm 길이로 자른다.

6

모든 재료를 냄비에 보기 좋게 담고 분량의 양념을 골고루 섞어서 올린다.

7

분량의 재료를 골고루 섞어서 국물을 만들고 6에 부은 뒤 재료가 푹 익을 정도로 끓인다.

오징어섞어찌개

재료

• 4인 분량

오징어	260g
돼지고기(목살) 다진 것	150g
양파	170g
무	150g
알배추	130g
대파	120g
풋고추	20g
생강술	1큰술 (P.198 참조)

• 양념

멸치다시마국물 5컵(P.196 참조)
고춧가루 3큰술
고추장 $1\frac{1}{2}$큰술
마늘 다진 것 1큰술
맛술 1큰술
참치액 1큰술
생강 다진 것 1작은술
국간장 1작은술
소금 약간
후춧가루 약간

만드는 법

오징어는 눈, 입, 내장을 제거한 뒤 몸통, 지느러미는 링 모양으로 자르고 다리 부분은 먹기 좋게 자른다.

돼지고기에 생강술을 넣고 버무린 뒤 5분 정도 재운다.

미자언니의 꿀팁!
돼지고기에 생강술을 넣으면 특유의 누린내가 제거된다.

분량의 재료를 골고루 섞어 양념을 만든다.

양파는 채썰고 무는 나박썰기 하고 알배추는 한입 크기로 썬다. 대파와 풋고추는 어슷하게 썬다.

양파, 무, 알배추를 웍에 담고 3의 양념을 붓는다.

미자언니의 꿀팁!
재료와 국물을 같이 끓이면 재료에서 깊은 맛이 우러난다.

돼지고기를 조금씩 떼어 넣고 센불에서 5분 정도 끓인다.

국물이 끓어오르면 손질한 오징어를 넣고 살짝 끓인다.

대파, 풋고추를 넣고 마무리한다.

불고기버섯찌개

남녀노소 누구나 좋아하는 찌개입니다.
전골냄비에 담아서 식탁에 올려 놓으면 보글보글 소리까지 맛있는
불고기버섯찌개가 완성됩니다. 불고기의 감칠맛과 채소가 어우러져
배가 불러도 남은 국물에 밥까지 비벼 먹게 되죠.

재료

• 4인 분량

- 소고기(불고기) — 300g
- 양송이버섯 — 150g
- 백만송이버섯 — 100g
- 황금버섯 — 100g
- 당근 — 50g
- 양파 — $\frac{1}{2}$개
- 대파 — $\frac{1}{2}$대

• 국물

멸치다시마국물 4컵(P.196 참조)
국간장 2큰술, 맛술 1큰술
후추 $\frac{1}{2}$작은술

• 불고기양념

멸치다시마국물 4큰술
양파 간 것 4큰술, 간장 3큰술
올리고당 2큰술, 맛술 2큰술
참기름 2큰술, 설탕 1$\frac{1}{2}$큰술
마늘 다진 것 1큰술
깨소금 1큰술, 후추 1작은술

만드는 법

1

분량의 재료를 골고루 섞어서 불고기양념을 만들고 키친페이퍼로 핏물을 제거한 소고기를 넣어 30분 이상 재운다.

2

양송이버섯, 백만송이버섯, 황금버섯은 밑동을 제거하고 한입 크기로 손질한다.

3

당근은 직사각형으로 자르고 양파는 0.5cm 두께로 채 썰고 대파는 어슷하게 썬다.

4

소고기를 전골팬에 넣어 볶다가 고기가 80% 정도 익으면 국물 재료를 모두 넣는다.

5

손질한 버섯을 올린다.

6

양파, 대파를 올리고 한소끔 끓인다.

미자언니의 꿀팁!
소고기를 먼저 볶으면 국물을 넣어도 겉돌지 않고 잘 어우러진다.

부추조갯국

바지락과 모시조개를 넣은 국에 부추를 더해 시원한 감칠맛이 나는 조갯국입니다.
신선한 조개만 있다면 간단하게 만들 수 있어서 즐겨 만드는 요리입니다.
바지락이나 모시조개 대신 좋아하는 조개류를 넣고 끓여도 좋습니다.

재료

● 4인 분량

바지락 — 200g
모시조개 — 200g
부추 — 10g
물 — 4컵
소금 — 약간

● 해감

찬물 5컵
소금 3큰술

만드는 법

해감 재료를 볼에 넣고 바지락과 모시조개를 2~3시간 정도 담가 둔 뒤 흐르는 물에 깨끗이 씻는다.

부추는 3cm 정도 길이로 자른다.

냄비에 물을 붓고 해감한 바지락과 모시조개를 넣어 끓인다.

국물이 끓어오르고 바지락과 모시조개가 입을 벌리면 부추를 넣은 뒤 소금으로 간한다.

미자언니의 꿀팁!
조개를 해감해서 불순물을 제거했으니 입을 벌리면 바로 불을 끈다. 살짝만 익혀야 통통한 조갯살을 그대로 맛볼 수 있다.

파닭개장

닭고기로 만드는 요리는 누구나 좋아할 정도로 호불호가 없는 재료입니다.
닭고기를 깨끗하게 손질해 깔끔한 국물 맛을 내는 것이 중요합니다.
얼큰한 국물에 밥 한 그릇을 말아 먹으면 기력 회복에 참 좋습니다.

고사리육개장

따뜻하고 얼큰한 육개장 한 그릇만 있으면 다른 반찬이 필요 없습니다.
한 그릇 안에 건강이 그대로 담겨 있어서 보양식도 따로 필요하지 않죠.
정성을 담아 고사리를 다듬고 소고기를 넣은 고사리육개장을 귀한 분과
함께 드셔보세요.

파닭개장

재료

• 4인 분량

닭고기 ——— 1마리(1~1.2kg)
대파 ——— 600g
숙주 ——— 400g
소금 ——— 약간

• 닭국물

생수 4L, 양파 200g
마늘 10쪽, 통후추 1큰술

• 양념

고춧가루 3큰술, 마늘 다진 것 2큰술
국간장 2큰술, 간장 1큰술
참기름 1큰술, 소금 1큰술
액젓(멸치, 꽃게) $\frac{1}{2}$큰술, 고추기름 2큰술

만드는 법

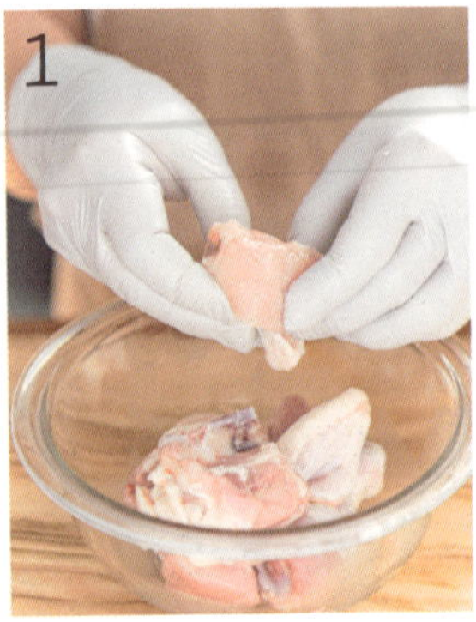

닭고기는 흐르는 물에 깨끗하게 씻고 토막으로 손질한다.

손질한 닭고기와 닭국물 재료를 냄비에 넣고 30분 정도 끓인다.

닭고기는 건지고 국물은 체에 거른다.

닭고기가 식으면 먹기 좋은 크기로 잘게 찢는다.

닭고기에 분량의 양념 재료를 넣고 골고루 버무린다.

미자언니의 꿀팁!
닭고기를 양념에 미리 버무리면 간이 잘 배어 더 쫄깃한 식감을 느낄 수 있다.

3의 닭국물을 냄비에 넣고 6cm 크기로 자른 대파를 넣은 뒤 20분 정도 끓인다.

5의 닭고기를 넣어 한소끔 끓인다.

숙주를 넣고 뚜껑을 연 채로 한소끔 더 끓인 뒤 소금으로 간한다.

고사리육개장

재료

● 4인 분량

소고기(양지머리)	300g
고사리 삶은 것	100g
무	100g
숙주(또는 콩나물)	100g
대파	2대
마늘	10쪽
물	10컵
통후추	1큰술
소금	$\frac{1}{4}$작은술

● 양념

- 고추기름 2큰술
- 고춧가루 고운 것 2큰술
- 마늘 다진 것 2큰술
- 국간장 2큰술
- 간장 2큰술
- 맛술 2큰술
- 참치액 1큰술
- 소금 약간
- 후추 약간

만드는 법

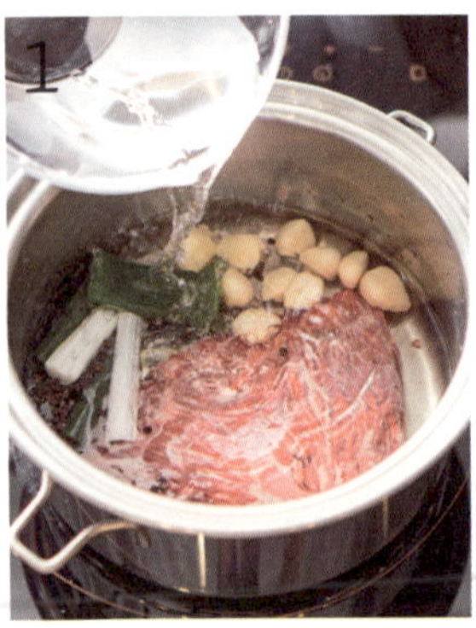

소고기, 물, 대파 1대, 마늘, 통후추를 냄비에 넣고 1시간~1시간 30분 정도 끓인다.

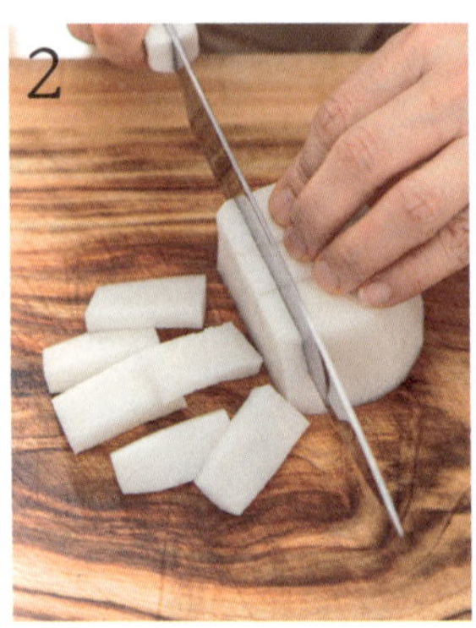

무는 굵게 나박썰기하고 고사리는 딱딱한 끝부분을 손질한다.

1의 소고기를 건지고 결대로 얇게 찢는다. 소고기를 삶은 국물은 체에 거른다.

미자언니의 꿀팁!
무를 넣으면 담백하고 시원한 맛이 더해진다.

대파 1대는 10cm 길이로 자르고 끓는 물에 살짝 데친 뒤 체에 밭쳐 물기를 제거한다.

분량의 재료를 골고루 섞어 양념을 만든다.

미자언니의 꿀팁!
양념을 미리 버무리면 재료에 간이 잘 배어 국물 맛이 깊어진다.

소고기, 고사리, 무, 대파를 5의 양념과 골고루 버무린다.

3의 국물을 냄비에 넣고 끓이다가 6과 숙주를 넣고 20분 정도 푹 끓인 뒤 소금으로 간한다.

우삼겹순두부찌개

우삼겹의 구수한 맛과 순두부의 깔끔한 맛이 일품인 우삼겹순두부찌개입니다.
순두부찌개 자체도 맛있지만 우삼겹이 들어가 풍미가 배가됩니다.
진하면서도 부담스럽지 않은 찌개가 먹고 싶을 때 추천합니다.

재료

• 4인 분량

소고기(우삼겹)	70g
순두부	1봉(350g)
느타리버섯	50g
양파	$\frac{1}{4}$개
애호박	$\frac{1}{4}$개
청고추	$\frac{1}{2}$개
홍고추	$\frac{1}{2}$개
물	2컵
액젓(멸치, 꽃게)	$\frac{1}{2}$큰술
참치액	1작은술

• 양념

고춧가루 고운 것 $1\frac{1}{2}$큰술
마늘 다진 것 $\frac{1}{2}$큰술, 소금 약간

만드는 법

소고기는 먹기 좋게 3cm 길이로 썬다. 청고추, 홍고추는 가늘고 어슷하게 썬다.

느타리버섯은 결대로 찢고 양파는 채썰고 애호박은 반달 모양으로 자른다.

1의 소고기에 분량의 양념 재료를 넣고 골고루 무친다.

3을 냄비에 넣고 5분 정도 볶은 뒤 물을 붓는다.

국물이 끓어오르면 순두부, 느타리버섯, 양파, 애호박을 넣고 10분 정도 끓인다.

액젓, 참치액으로 간하고 청고추와 홍고추를 올린다.

미자언니의 꿀팁!
순두부를 봉지째 4등분하고 찌개에 넣으면 부스러지지 않는다.

매운버섯전골

다양한 버섯을 넣어서 버섯의 매력을 물씬 느낄 수 있는 전골입니다.
버섯과 소고기에서 우러나오는 맛과 양념의 조합이 무척 좋아요.
버섯을 많이 먹으니 건강해지는 느낌이 들고 칼칼한 맛의 국물까지 참 시원합니다.
바글바글 끓여서 냄비 그대로 식탁에 올려보세요.

재료

• 4인 분량

표고버섯 — 130g
느타리버섯 — 130g
팽이버섯 — 130g
소고기(우삼겹) — 100g
알배추 — 100g
쑥갓 — 2~3줄기
대파 — $\frac{1}{2}$대
청양고추 — 1개
국물 — 5컵

• 소고기양념

마늘 다진 것 $\frac{1}{2}$작은술, 국간장 $\frac{1}{2}$작은술
고춧가루 $\frac{1}{4}$큰술, 후추 약간

• 국물

물 7$\frac{1}{2}$L, 멸치 20g, 건새우 5g, 다시마 10cm 크기 1장
액젓(멸치, 꽃게) $\frac{1}{2}$큰술, 고추기름 2큰술

• 양념

고춧가루 1$\frac{1}{2}$큰술, 마늘 다진 것 1큰술, 청주 1큰술, 고추장 1큰술
참치액 $\frac{1}{2}$큰술, 액젓(멸치, 꽃게) 1작은술
소금 $\frac{1}{2}$작은술, 후추 약간

만드는 법

1
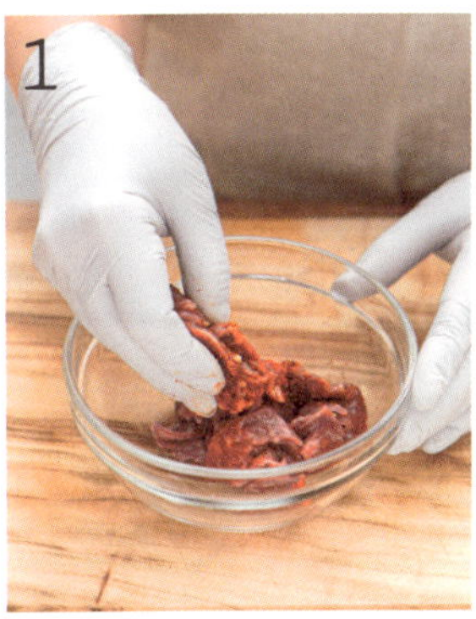
분량의 소고기양념 재료를 골고루 섞고 소고기를 넣어 20~30분 정도 재운다.

2

국물 재료를 냄비에 담고 한소끔 끓인 뒤 체에 거른다.

3

표고버섯은 슬라이스하고 느타리버섯은 먹기 좋게 찢고 팽이버섯은 6cm 길이로 자른다.

4

알배추는 2x7cm 크기로 자르고 대파는 송송 썰고 청양고추는 어슷하게 썬다.

5

손질한 버섯과 알배추를 전골냄비에 돌려 담고 가운데 소고기와 분량의 양념 재료를 넣는다.

6

2의 국물을 5컵 붓고 10분 정도 끓인 뒤 쑥갓, 대파, 청양고추를 올린다.

표고버섯들깨탕

들깻가루를 듬뿍 넣은 표고버섯들깨탕을 먹다 보면 몸이 점점 따뜻해지면서
입안에 고소한 들깨맛이 가득해 "한 그릇 더!"를 외치게 됩니다.
쌀쌀한 날에 향긋한 향이 가득한 표고버섯들깨탕 한 그릇이면
하루 종일 속이 든든하조.

재료

• 4인 분량

표고버섯	200g	청고추	1개
들깻가루	2컵	들기름	1큰술
멸치다시마국물	6컵(P.196 참조)	국간장	1큰술
두부	100g	액젓(멸치, 꽃게)	½큰술
떡(떡국용)	80g	식용유	약간
홍고추	1개	소금	약간

만드는 법

표고버섯은 0.5~1cm 두께로 얇게 저민다.

홍고추와 청고추는 씨를 제거하고 송송 썬다.

두부는 슬라이스한 뒤 1cm 크기로 깍둑썰기하고 물기를 제거한다.

달군 팬에 식용유를 두르고 두부를 넣어 소금을 살짝 뿌린 뒤 노릇하게 굽고 기름기를 제거한다.

들깻가루와 멸치다시마국물을 볼에 넣고 골고루 섞는다.

냄비에 들기름을 두르고 표고버섯을 살짝 볶는다.

5의 국물을 붓고 한소끔 끓인다.

떡과 두부를 넣고 한소끔 끓인 뒤 국간장, 액젓, 소금으로 간한다.

청고추와 홍고추를 올리고 한소끔 더 끓인다.

명란두부전골

보통 명란젓은 참기름을 뿌려서 먹곤 하지만
두부전골로 만들면 명란의 또 다른 매력을 느낄 수 있습니다.
명란은 감칠맛이 있어 별다른 양념이 들어가지 않아도 맛있는 전골이 완성됩니다.
두부와 채소를 넣어 식감을 더하고 청양고추를 넣어 칼칼한 맛과
시원한 맛을 추가했습니다.

재료

• 4인 분량

명란젓 ——— 270g
두부 ——— $\frac{1}{2}$모
멸치국물 ——— 7컵(P.195 참조)
양배추 ——— 200g
무 ——— 100g
양파 ——— 70g
부추 ——— 30g
청양고추 ——— 1개
홍고추 ——— 1개

• 양념

마늘 다진 것 1큰술, 생강 다진 것 1작은술
국간장 1작은술, 고춧가루 1큰술
소금 $\frac{1}{2}$작은술

만드는 법

양배추는 한입 크기로 자르고 무는 나박썰기하고 양파는 채 썬다.

부추는 5cm 길이로 자르고 청양고추와 홍고추는 어슷하게 썬다. 양파는 채썬다.

두부는 1.5~2cm 두께의 직사각형 모양으로 자르고 명란도 먹기 좋게 자른다.

양배추, 무, 양파를 전골냄비에 넣고 멸치국물을 부은 뒤 센불에서 10분 정도 끓이다가 두부와 명란을 넣고 바글바글 끓인다.

불을 중약불로 낮추고 분량의 양념 재료와 청양고추, 홍고추를 넣고 한소끔 끓인다.

부추를 올리고 불을 끈다.

든든한 반찬

한식 한 상은 잘 지은 밥 한 공기, 담백한 국 한 그릇, 그리고 주인공이 되는 든든한 반찬 한 가지와 밑반찬이 기본입니다. 든든한 반찬은 그날의 식탁을 책임지는 중요한 요리죠. 맛있게 구운 고기 요리인지 살이 통통한 생선 요리인지에 따라 국과 밑반찬도 조금씩 달라지기 때문입니다. 조금 손이 가지만 중심이 되는 반찬을 소개합니다.

무사태찜

옛말에 "아롱사태를 먹으면 소 1마리를 다 먹었다"는 말이 있을 만큼 아롱사태는 귀한 부위입니다. 요리하는 방법에 따라 색다르게 변신하는 재료이기도 합니다. 말린 무를 넣은 사태찜은 식사하는 내내 쫄깃하게 먹을 수 있는 특별한 요리입니다.

재료

4인 분량

소고기(아롱사태) — 600g
무 말린 것 — 300g
가래떡 — 100g
물 — 8컵
맛즙 — 3큰술(P.199 참조)
참기름 — 1큰술
꿀 — 1큰술
후추 — 약간

양념

청양고추 다진 것 2개 분량, 간장 120ml
설탕 70g, 배즙 $\frac{1}{2}$컵, 마늘 다진 것 3큰술
대파 다진 것 3큰술, 생강술 1큰술(P.198 참조)
참기름 2큰술, 후추 $\frac{1}{2}$작은술

만드는 법

1 아롱사태는 끓는 물에 넣고 10~15분 정도 데친 뒤 건진다.

2 물과 맛즙, 아롱사태를 냄비에 넣고 30분 정도 삶는다.

3 분량의 양념 재료를 모두 넣고 강불에서 끓이다가 냄비 뚜껑을 덮은 뒤 중약불에서 30분 정도 더 조린다.

4 아롱사태가 50% 정도 익으면 무를 넣고 냄비 뚜껑을 덮고 고기가 부드러워질 때까지 약불에서 15~20분 정도 더 조린다.

5 국물이 자작해지면 가래떡을 넣고 5분 정도 끓인 뒤 참기름, 꿀, 후추를 넣는다. 먹기 좋게 잘라서 먹는다.

미자언니의 꿀팁!
사태를 삶은 국물을 그대로 활용하면 국물이 더 진해지고 양념이 더 잘 밴다.

숙주볶음과 오징어구이

쫄깃쫄깃하고 매콤한 오징어와 아삭한 숙주가 잘 어울리는 요리입니다.
술안주로도, 반찬으로도 좋은 이 요리는 오징어를 통째로 넣어
식탁을 더 근사하게 만들어줍니다. 숙주가 들어가 시원한 맛까지 더해지니
반할 수밖에 없는 요리죠.

재료

• 2인 분량

오징어 —— 1마리
숙주 —— 100g
부추 —— 20g
식용유 —— 약간
소금 —— 약간
후추 —— 약간

• 양념

고추장 3큰술, 매실청 $1\frac{1}{2}$큰술, 고춧가루 1큰술
간장 1큰술, 설탕 2작은술, 물엿 $1\frac{1}{2}$작은술
마늘 다진 것 1작은술, 대파 다진 것 1작은술
땅콩버터 1작은술, 생강 다진 것 $\frac{1}{5}$작은술

만드는 법

오징어는 끓는 물에 넣어 살짝 데친다.

데친 오징어의 몸통 양쪽에 1cm 간격으로 깊게 칼집을 낸다.

숙주는 지저분한 꼬리를 떼고 부추는 5~7cm 정도 길이로 자른다.

미자언니의 꿀팁!
오징어를 미리 데치면 빨리 익힐 수 있어서 양념이 타지 않는다.

분량의 재료를 골고루 섞어 양념을 만든 뒤 오징어와 골고루 버무린다.

달군 팬에 식용유를 두르고 숙주와 부추를 넣은 뒤 소금, 후추로 간하고 살짝 숨이 죽을 정도만 볶는다.

달군 팬에 4의 오징어를 넣고 잘 익을 때까지 구운 뒤 숙주와 부추를 그릇에 담고 오징어를 올린다.

항정살양념구이

돼지고기 항정살은 특히 맛있는 부위입니다.
그냥 구워도 고소하고 쫄깃한 맛이
일품이지만 양념을 넣어 구워 먹으면 맛이
배가됩니다. 얇게 썬 양파와 쌈채소와 함께 내면
풍성한 식탁이 완성될 거예요.

재료

• 2인 분량

돼지고기(항정살) ——— 200g

양파 ——— $\frac{1}{2}$개

식용유 ——— 2큰술

• 양념

마늘 다진 것 1작은술, 간장 $\frac{1}{2}$큰술
설탕 $\frac{1}{2}$큰술, 고춧가루 $\frac{1}{2}$큰술, 청주 $\frac{1}{4}$큰술
씨겨자 $\frac{1}{4}$큰술, 생강술 $\frac{1}{4}$큰술(P.198 참조)

만드는 법

분량의 재료를 골고루 섞어 양념을 만든다.

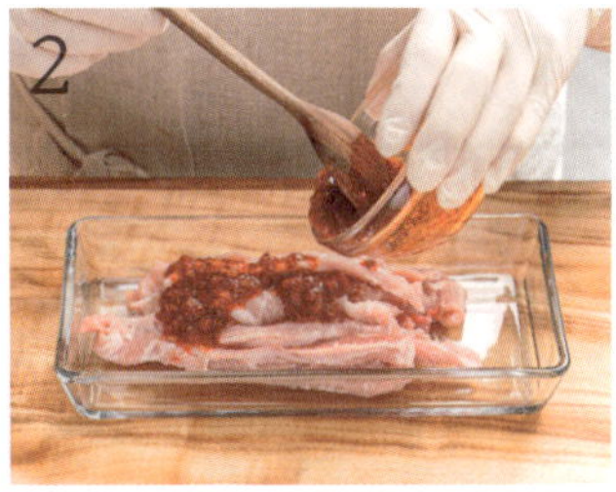

돼지고기에 1의 양념을 넣어 골고루 버무리고 10분 정도 재운다.

양파는 0.3cm 두께로 채썰고 물에 담가 아린 맛을 제거한다.

미자언니의 꿀팁!
돼지고기와 양파를 같이 먹으면 지방 흡수를 줄일 수 있다.

달군 팬에 식용유를 두르고 2의 돼지고기를 넣어 앞뒤로 뒤집어 가며 노릇노릇하게 굽는다. 그릇에 담고 물기를 뺀 양파를 올린다.

편육쌈

상큼하게 절인 깻잎과 촉촉하게 삶은 돼지고기를 곁들여 먹는 편육쌈입니다.
편육을 삶는데 시간이 걸리지만 그만큼 정성이 들어가 건강하고
맛있죠. 손님을 초대한 날이나 특별한 날에 일품 요리로 준비해보세요.

재료

• 2인 분량

돼지고기(목살) ——— 300g
양파 ——— $\frac{1}{4}$개
대파 ——— $\frac{1}{4}$대
마늘 ——— 6쪽
깻잎 ——— 20장
물 ——— 7컵
된장 ——— 2큰술
통후추 ——— 1작은술

• 절임물

물 2큰술, 액젓(멸치, 꽃게) 1큰술
식초 $\frac{1}{2}$큰술, 설탕 $\frac{1}{2}$큰술

• 겨자소스

간장 2큰술, 물 1큰술, 식초 1큰술
설탕 1큰술, 연겨자 1작은술

만드는 법

1 돼지고기, 양파, 대파, 마늘, 물, 된장, 통후추를 냄비에 넣고 50분 정도 삶는다.

2 분량의 절임물 재료를 골고루 섞어 깻잎에 바르고 10분 정도 절인다.

미자언니의 꿀팁!
돼지고기와 깻잎을 같이 먹으면 칼슘, 비타민 등을 보충할 수 있으며 돼지고기 특유의 냄새도 없애준다.

3 분량의 재료를 골고루 섞어 겨자소스를 만든다.

4 1의 돼지고기를 한입 크기로 자르고 깻잎절임과 겨자소스를 곁들인다.

삼치강정

참치, 고등어 등과 함께 대표적인 등푸른생선인 삼치는 DHA가
많이 함유돼 있습니다. DHA는 태아의 두뇌 발달을 돕고 치매도 예방된다고
해요. 살이 부드러운 삼치를 조금 더 정성을
들여 강정으로 만든다면 먹는 사람도 더 행복할 거예요.

재료

• 2인 분량

삼치 ———— 1마리(300g)
양파 ———— 100g
부추 ———— 100g
찹쌀가루 ———— $\frac{1}{2}$컵
생강술 ———— 1큰술(P.198 참조)
소금 ———— $\frac{1}{2}$작은술
후추 ———— $\frac{1}{2}$작은술
식용유 ———— 약간

• 양념

간장 2큰술, 올리고당 2큰술, 맛술 2큰술
마늘 다진 것 1큰술, 고추장 1큰술, 설탕 1큰술
식용유 1큰술, 통깨 1큰술
생강 다진 것 $\frac{1}{2}$작은술

만드는 법

삼치는 생강술, 소금, 후추를 뿌리고 30분 정도 재운다.

삼치에 찹쌀가루를 묻히고 10분 정도 둔다.

양파는 가늘게 채 썰고 차가운 물에 담가 아린 맛을 제거하고 부추는 5cm 길이로 자른다.

미자언니의 꿀팁!
삼치를 생강술과 소금에 재우면 특유의 비린 맛이 없어지고 살이 더 단단해진다.

달군 팬에 식용유를 넉넉히 두르고 2의 삼치를 넣어 튀기듯 지진다.

분량의 양념 재료를 모두 섞어서 4에 넣고 조린다.

양파와 부추를 골고루 섞어서 접시에 깔고 구운 삼치를 곁들인다.

매운닭볶음탕

닭볶음탕은 언제 먹어도 맛있는, 물리지 않는 요리입니다.
다른 반찬 필요 없이 한 냄비를 끓여 놓으면 온 가족이 즐길 수 있는 메뉴죠.
맛이 밴 국물에 밥을 볶아 먹어도 별미입니다.

재료

• 4인 분량

닭고기 ———— 1마리(1~1.2kg)
감자 ———— 2개
양파 ———— 1개
당근 ———— ½개
부추 ———— 50g
청양고추 ———— 1개
홍고추 ———— 1개

• 국물

대파 1대, 물 3컵, 청주 1작은술
생강술 1작은술(P.198 참조)

• 양념

간장 6큰술, 고춧가루 4큰술, 마늘 다진 것 2큰술
고추장 2큰술, 올리고당 2큰술, 매실청 1큰술
설탕 1큰술, 생강술 1큰술
맛술 1큰술, 참기름 1큰술, 후추 약간

만드는 법

닭고기는 깨끗이 씻어서 끓는 물에 넣고 닭이 익을 정도로 데친 뒤 흐르는 물에 씻는다.

감자와 양파는 4등분하고 당근은 3cm 크기로 깍둑썰기하고 청양고추, 홍고추는 어슷하게 썰고 부추는 6cm 길이로 자른다.

닭고기와 분량의 국물 재료를 냄비에 넣고 10분 정도 끓인 뒤 대파는 건진다.

분량의 양념 재료를 골고루 섞어서 3에 넣는다.

국물이 끓어오르면 5분 뒤에 감자, 양파, 당근을 넣고 10분 정도 더 끓인다.

먹기 직전에 부추와 청양고추, 홍고추를 올린다.

닭고기느타리버섯구이

닭가슴살은 단백질이 풍부해서 체중을
관리할 때 자주 활용하는 재료입니다. 매번 쪄서 먹거나
구워 먹었다면 양념에 버무려 구이로 즐겨보세요.
느타리버섯의 맛도 젓가락을 놓지 못하는 이유가 될 거예요.

재료

• 2인 분량

닭고기(가슴살) ——— 200g
느타리버섯 ——— 200g
쪽파 다진 것 ——— 1큰술
소금 ——— 약간

• 양념

간장 2큰술, 고춧가루 2큰술, 마늘 다진 것 1큰술
참기름 1큰술, 고추장 1큰술, 물엿 1큰술
설탕 1큰술, 청주 1큰술, 생강술 1작은술(P.198 참조)
후추 약간

만드는 법

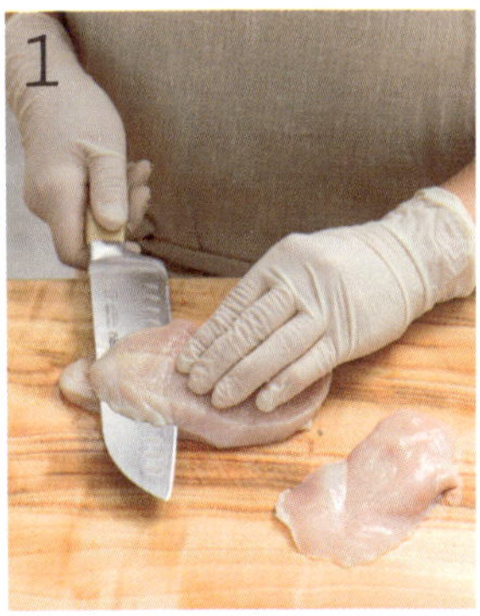

닭고기는 1cm 두께로 저미고 칼집을 2~3번 낸다.

분량의 재료를 골고루 섞어 양념을 만든다.

닭고기에 양념을 반만 넣고 골고루 버무린 뒤 2시간 이상 냉장 보관한다.

느타리버섯은 먹기 좋게 찢고 끓는 물에 소금을 넣은 뒤 살짝 데친다.

데친 느타리버섯은 키친페이퍼로 물기를 제거하고 남은 양념을 넣어 골고루 버무린 뒤 30분 정도 재운다.

달군 팬에 닭고기와 느타리버섯을 넣고 앞뒤로 뒤집어 가며 타지 않도록 구운 뒤 쪽파를 뿌린다.

소고기채소구이

새송이버섯과 가지, 애호박을 슬라이스해서 달군 그릴 팬에 구우면 그릴 자국이 남아 더욱 먹음직스럽습니다. 소고기까지 어우러지니 든든하게 영양소를 채울 수 있죠. 따뜻하게 즐기는 메뉴입니다. 집에 있는 다양한 재료로 응용해도 좋아요.

재료

• 2인 분량

소고기(채끝살) ―― 100g
새송이버섯 ―― 120g
애호박 ―― 90g
가지 ―― 50g
식용유 ―― 약간

• 소고기밑간

간장 10g, 설탕 5g, 참기름 $\frac{1}{2}$작은술
마늘 다진 것 $\frac{1}{2}$작은술

• 소스

홍고추 다진 것 $\frac{1}{2}$큰술, 청양고추 다진 것 $\frac{1}{2}$큰술
간장 2큰술, 참기름 $1\frac{1}{2}$큰술, 생강 다진 것 1작은술
대파 다진 것 $\frac{1}{2}$작은술, 소금 약간, 후추 약간

만드는 법

새송이버섯, 애호박, 가지는 먹기 좋게 편으로 썬다.

소고기는 두께 1cm, 크기 5x5cm 정도로 도톰하게 썬다.

소고기밑간 재료를 골고루 섞고 소고기와 버무린 뒤 10분 정도 재운다.

분량의 재료를 골고루 섞어 소스를 만든다.

달군 그릴 팬에 식용유를 두르고 새송이버섯, 애호박, 가지를 노릇하게 구운 뒤 그릇에 옮긴다.

달군 그릴 팬에 식용유를 두르고 소고기를 노릇하게 구운 뒤 구운 채소와 소스를 곁들인다.

미자언니의 꿀팁!
소고기를 채소와 함께 먹으면 단백질과 비타민 등 고기에 부족한 영양소를 보충해 준다.

등갈비간장구이

보통 등갈비는 바비큐 양념을 만들어서 서양 스타일로 먹습니다.
하지만 한국식 간장 양념도 무척 잘 어울려요.
단맛과 짠맛이 적당하게 조화를 이뤄서 계속 먹고 싶어질 거예요.
에어프라이어로 간단하게 구울 수 있으며 오븐을 사용해도 좋습니다.

재료

● 4인 분량

돼지고기(등갈비) ——— 600g
어린잎 ——— 50g

● 양념

간장 3큰술, 마늘 다진 것 2작은술, 고추장 2큰술
생강술 2작은술(P.198 참조), 설탕 1큰술
매실액 1큰술, 꿀 1큰술, 청주 1큰술
대파 다진 것 1큰술, 참기름 1큰술, 후추 약간

만드는 법

돼지고기는 물에 담가 1~2시간 정도 핏물을 뺀다.

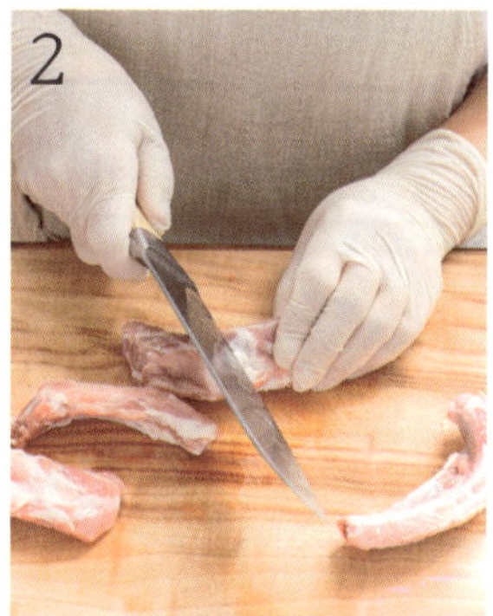

물기를 뺀 돼지고기 1개당 2~3번 어슷하게 칼집을 넣는다.

미자언니의 꿀팁!
돼지고기를 물에 담가 핏물을 빼면 특유의 누린내를 없앨 수 있다.

분량의 재료를 골고루 섞어 양념을 만들고 돼지고기와 버무린 뒤 1시간 정도 실온에서 재운다.

돼지고기를 에어프라이어 180℃에서 20분 정도 굽고 어린잎을 곁들인다.

미자언니의 꿀팁!
돼지고기를 오븐에서 굽는다면 170℃로 예열한 오븐에 넣어 앞뒤로 20분씩 40분 정도 굽는다.

가지튀김

가지는 무척 맛있는 채소지만 흐물흐물해서 좋아하지 않는 사람도 많습니다. 기름을 넣어서 튀기면 바삭바삭해서 누구나 맛있게 즐길 수 있죠. 한 번 튀길 때 조금씩 넣어서 튀기고 노릇해지면 꺼냅니다.
튀긴 뒤 바로 먹어야 더 바삭바삭해요.

재료

• 2인 분량

가지 ———— 2개
참나물 ———— 30g
녹말가루 ———— $\frac{1}{2}$컵
식용유 ———— 적당량

• 오리엔탈소스

대파(흰 부분) 다진 것 3큰술
생강 $\frac{1}{2}$쪽, 간장 2큰술, 식초 2큰술
설탕 1큰술, 고추기름 $\frac{1}{2}$큰술

만드는 법

가지는 길이로 2등분하고 삼각형 모양으로 먹기 좋게 자른다.

자른 가지에 녹말가루를 골고루 묻힌다.

식용유를 냄비에 넉넉히 붓고 170℃까지 끓인 뒤 가지를 넣어 5~7분 정도 노릇하게 튀긴다.

생강은 곱게 채썰고 찬물에 헹군 뒤 물기를 제거한다.

분량의 재료와 4의 생강을 골고루 섞어 오리엔탈소스를 만든다.

접시에 참나물을 깔고 튀긴 가지를 올린 뒤 뜨거울 때 오리엔탈소스를 뿌린다.

대파볶음과 삼치구이

생선은 불포화지방산과 영양가가 많지만 냄새 때문에 집에서 굽기에는 조금 망설여집니다. 삼치는 다른 생선에 비해 비린내가 적은 편입니다. 비린내가 난다면 쌀뜨물이나 된장을 푼 물에 잠시 담갔다가 사용하세요. 좀 더 가벼운 마음으로 도전해도 좋습니다.

버섯탕수

버섯 중에 가장 사랑받는 버섯은 표고버섯입니다.
은은한 향이 있고 쫄깃쫄깃해서 튀겨서 버섯탕수로 만들어도 맛있어요.
돼지고기로 만들던 탕수를 바삭하게 튀긴 버섯으로 간단하게 만들어보세요.

대파볶음과 삼치구이

재료

• 2인 분량

삼치 ——— 250g
찹쌀가루 ——— 4큰술
카레가루 ——— 1큰술
식용유 ——— 2큰술

• 삼치밑간
생강술 1작은술(P.198 참조)
소금 $\frac{1}{2}$작은술, 후추 $\frac{1}{4}$작은술

• 대파볶음
대파 $\frac{1}{2}$대, 홍고추 다진 것 $\frac{1}{2}$큰술
참기름 $\frac{1}{2}$큰술, 식용유 1큰술
소금 $\frac{1}{5}$작은술, 후추 $\frac{1}{5}$작은술

• 유장
간장 1큰술
꿀 1큰술

만드는 법

1 삼치는 손질하고 6cm 길이로 자른 뒤 삼치밑간 재료를 뿌리고 10분 정도 재운다.

2 카레가루와 찹쌀가루를 잘 섞어서 삼치에 골고루 묻힌다.

3 달군 팬에 식용유를 두르고 삼치를 넣어 껍질부터 노릇하게 구운 뒤 뒤집어서 노릇하게 굽는다.

대파는 0.5cm 두께로 송송 썬다.

달군 팬에 식용유를 두르고 대파를 넣어 숨이 죽을 때까지 5분 정도 볶는다.

홍고추, 참기름, 소금, 후추를 넣고 살짝 볶는다.

유장 재료를 골고루 섞어서 구운 삼치에 바르고 6의 대파볶음을 올린다.

미자언니의 꿀팁!
삼치구이에 대파를 곁들이면 면역력 증진에 도움이 된다.

버섯탕수

재료

2인 분량

- 표고버섯 — 250g
- 양파 — $\frac{1}{2}$개
- 빨간색 파프리카 — $\frac{1}{4}$개
- 노란색 파프리카 — $\frac{1}{4}$개
- 초록색 파프리카 — $\frac{1}{4}$개
- 생강 — 2쪽
- 녹말가루 — 5큰술
- 식용유 — 적당량
- 참기름 — 약간

탕수소스

- 물 $\frac{1}{2}$컵
- 녹말물 7큰술(녹말 2큰술+물 7큰술)
- 설탕 5큰술, 식초 3큰술
- 올리고당 1큰술
- 케첩 1큰술, 굴소스 2작은술
- 소금 $\frac{1}{3}$작은술

튀김옷 녹말물

- 달걀흰자 2개 분량, 물 $1\frac{1}{2}$컵
- 녹말가루 8큰술

만드는 법

1 표고버섯은 2~3등분하고 녹말가루를 묻힌다.

2 물에 녹말가루를 풀어서 불리고 녹말이 가라앉아 윗물이 맑아지면 윗물은 버린 뒤 가라앉은 녹말에 달걀흰자를 넣고 골고루 섞어서 튀김옷 녹말물을 만든다.

3 식용유를 냄비에 넣어 170℃ 정도로 끓이고 튀김옷 녹말물을 묻힌 표고버섯을 넣어 5분 정도 노릇노릇하게 튀긴다.

4 파프리카는 3x3cm 크기로 썬다.

미자언니의 꿀팁!
표고버섯을 2번씩 튀기면 더 바삭해진다.

양파도 파프리카와 같은 크기로 썰고 생강은 모양대로 슬라이스 한다.

달군 팬에 채소를 넣고 숨이 죽을 때까지 센불에서 볶는다.

탕수소스 재료에서 녹말물을 뺀 나머지 재료를 골고루 섞어 한소끔 끓인다.

가장자리에 녹말물을 넣고 끓기 시작하면 2~3분 정도 더 끓이면서 골고루 젓는다.

불을 끄고 참기름을 넣은 뒤 3의 표고버섯탕수를 곁들인다.

미자언니의 꿀팁!
불을 끄고 참기름을 넣으면 풍미가 더 살아난다.

충무식 오징어어묵무침

오징어와 어묵, 절인 무는 쫄깃한 식감의 재료들입니다.
서로 멋지게 어우러지며 감칠맛을 내죠. 여기에 새콤하고 달콤한 양념을
버무리면 따로 간이 되지 않은 밥에도 잘 어울려요.
신선한 바닷가의 내음을 담은 요리가 생각날 때 추천합니다.

발사믹소스탕수육

요즘 발사믹소스를 이용한 퓨전 요리가 참 많습니다.
탕수육도 발사믹소스를 이용하면 정말 맛있는 요리가 완성됩니다.
늘 먹던 탕수육이 질린다면 색다르고 특별한 탕수육을 만들어보세요.

충무식 오징어어묵무침

재료

• 4인 분량

오징어 —— 2마리
무 —— 500g
어묵 —— 100g
레몬 슬라이스한 것 —— 1조각

• 절임

식초 $\frac{1}{4}$컵
설탕 $\frac{1}{4}$컵, 소금 $\frac{1}{2}$큰술

• 양념

고춧가루 35g
액젓(멸치, 꽃게) $1\frac{1}{2}$큰술
마늘 다진 것 1큰술
매실청 $\frac{1}{2}$큰술
올리고당 $\frac{1}{2}$큰술, 참기름 $\frac{1}{2}$큰술
설탕 $\frac{1}{2}$작은술
생강 다진 것 $\frac{1}{2}$작은술
통깨 약간

만드는 법

무는 길이로 6등분하고 큼직하고 어슷하게 자른다.

끓는 물에 레몬을 넣은 뒤 오징어를 넣어 익을 때까지 3~5분 정도 데친다.

미자언니의 꿀팁!
레몬을 넣으면 오징어 특유의 비린내가 제거된다.

데친 오징어는 키친페이퍼를 사용해 껍질을 제거한다.

오징어 몸통은 2x5cm 크기로 먹기 좋게 자르고 다리도 먹기 좋게 자른다.

1의 무와 데친 오징어에 절임 재료를 모두 넣고 골고루 섞은 뒤 냉장실에서 하루 정도 숙성시키고 물기를 제거한다.

미자언니의 꿀팁!
숙성해서 먹으면 훨씬 더 쫄깃해진다.

어묵은 3x5cm 크기로 자른다.

어묵은 끓는 물에 넣고 10초 정도 데친다.

오징어, 무, 어묵을 볼에 넣고 분량의 양념 재료를 모두 넣어 골고루 버무린다.

발사믹소스탕수육

재료

● 2인 분량

돼지고기(목살) ——— 300g
청경채 ——— 120g
방울토마토 ——— 30g
녹말가루 ——— 1컵
식용유 ——— 2큰술+적당량(튀김용)
대파 다진 것 ——— 1큰술
마늘 다진 것 ——— 2작은술
생강 다진 것 ——— $\frac{1}{2}$작은술

● 돼지고기밑간

청주 1큰술
생강술 1큰술(P.198 참조)
소금 $\frac{1}{2}$작은술

● 발사믹소스

물 1컵, 치킨스톡 1개
설탕 5큰술, 발사믹식초 $2\frac{1}{2}$큰술
청주 2큰술, 간장 1큰술
녹말물 2큰술(물 2큰술+녹말가루 1큰술)

만드는 법

돼지고기는 6~8cm 정도 너비로 자르고 다시 한입 크기로 자른다.

돼지고기에 분량의 밑간 재료를 넣고 버무린 뒤 실온에서 20분 정도 재운다.

돼지고기에 녹말가루를 넣고 앞뒤로 옷을 입힌 뒤 10분 정도 둔다.

미자언니의 꿀팁!
녹말가루를 여러 번 묻혀서 튀기면 훨씬 바삭해진다.

식용유를 냄비에 넉넉히 붓고 180℃까지 끓인 뒤 돼지고기를 넣어 뒤집어가며 3~5분 정도 노릇하게 튀긴다.

달군 팬에 식용유를 두르고 대파, 마늘, 생강을 넣어 볶다가 골고루 섞은 발사믹소스 재료를 넣은 뒤 한소끔 끓인다.

4의 돼지고기를 넣어 잘 버무린다.

청경채는 꼭지를 제거하고 방울토마토는 2등분한 뒤 6에 넣어 버무린다.

미자언니의 꿀팁!
청경채는 마지막에 넣어야 아삭한 식감을 살릴 수 있다.

마늘대파수육

우리가 사랑하는 삼겹살을 통으로 삶고 양념을 넣어서 조린 요리입니다.
달콤하고 짭짤한 간장양념이 골고루 밴 삼겹살은 어느 자리에 내놓아도
손색없는 일품 요리입니다. 조금 시간이 걸리지만 특별한 날을 위해
만들어보세요.

재료

- 4인 분량

돼지고기(통삼겹) ——— 500g
사과 ——— $\frac{1}{2}$개
배 ——— $\frac{1}{2}$개
생강 ——— 20g
대파 ——— 2대
마늘 ——— 10~15쪽
물 ——— $7\frac{1}{2}$컵
통후추 ——— 5g

- 양념

맛간장 1컵(P.197 참조), 설탕 15g
청주 $1\frac{1}{2}$큰술, 맛술 1큰술

만드는 법

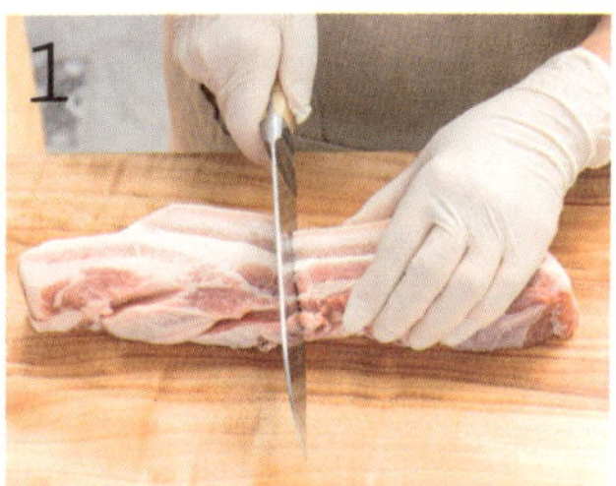
1 돼지고기는 삶기 좋게 10~15cm 정도로 큼직하게 자른다.

2 사과와 배는 웨지 모양으로 자르고 생강은 2등분한다.

3 냄비에 물을 붓고 돼지고기, 사과, 배, 생강, 통후추를 넣고 뚜껑을 덮은 뒤 30분 정도 끓인다.

4 양념 재료를 모두 넣고 끓어오르면 불을 줄인 뒤 대파와 마늘을 넣고 40분 정도 더 끓인다.

5 대파와 마늘, 사과, 배, 생강을 건지고 약불에서 20분 더 정도 조린다. 물이 많으면 뚜껑을 열고 조린다.

6 돼지고기를 먹기 좋게 자르고 건져둔 대파와 마늘을 곁들인다.

미자언니의 꿀팁!
삼겹살과 대파를 함께 먹으면 면역력을 증가시키고 지방 흡수율을 줄일 수 있다.

파채수북불고기

달착지근하게 양념한 불고기에 파채를 듬뿍 곁들여 먹으면
궁합이 참 좋습니다. 파채의 쌉싸래한 맛이 불고기의 맛을
배가시키죠. 밖에서 사 먹는 요리 못지않게
근사한 식탁이 완성될 거예요.
좋아하는 쌈채소를 곁들이면 더욱 금상첨화입니다.

재료

- 2인 분량

돼지고기(대패삼겹살) ——— 300g
대파 ——— 1대
깨소금 ——— 1큰술
참기름 ——— 1큰술
식용유 ——— 1큰술
후추 ——— $\frac{1}{2}$작은술

- 고기양념

양파 다진 것 40g, 물 1$\frac{1}{2}$컵, 대파 다진 것 2큰술
마늘 다진 것 2큰술, 간장 2큰술, 물엿 2큰술
흑설탕 2큰술, 청주 1큰술, 생강 간 것 $\frac{1}{2}$작은술
배 간 것 $\frac{1}{6}$쪽 분량

- 파무침양념

고춧가루 $\frac{1}{2}$큰술, 참기름 1작은술, 설탕 1작은술
식초 1작은술, 소금 $\frac{1}{4}$작은술

만드는 법

1 분량의 재료를 골고루 섞어 고기 양념을 만들고 냄비에 넣어 30분 정도 끓인 뒤 식힌다.

2 1의 양념 1컵에 깨소금, 참기름, 후추를 넣고 골고루 섞은 뒤 돼지고기를 넣어 1시간 정도 재운다.

미자언니의 꿀팁!
끓인 양념에 고기를 재우면 좀 더 깊은 맛을 느낄 수 있다.

3 대파는 길게 채썰고 파무침양념 재료를 넣어 골고루 섞는다.

4 달군 팬에 식용유를 두르고 2의 돼지고기를 넣어 볶다가 골고루 익으면 파무침을 올린 뒤 살짝 볶는다.

매운두부스테이크

맛도 영양도 고기 부럽지 않은 두부를 스테이크처럼 만들어서
건강한 밥상을 완성해 보세요. 매운 소스 덕분에 무척 맛있는 한끼가 됩니다.
아이들과 함께 먹는다면 청양고추를 빼고 만들어주세요.

재료

• 4인 분량

두부 —— 450g
새송이버섯 —— 1개
양파 —— $\frac{1}{4}$개
찹쌀가루 —— 5큰술(또는 녹말가루)
참기름 —— 1큰술
소금 —— 약간
후추 —— 약간

• 소스 1

청양고추 다진 것 3큰술, 양파 다진 것 2큰술
식용유 2큰술, 마늘 다진 것 1큰술

• 소스 2

맛술 4큰술, 물 4큰술, 맛간장 3큰술(P.197 참조)
설탕 2큰술, 참치액 1큰술, 식초 1큰술

만드는 법

두부는 2~3cm 두께로 5등분하고 물기를 제거한다.

두부에 찹쌀가루, 소금, 후추를 묻히고 달군 팬에 올려 노릇하게 지진다.

양파는 얇게 채썰고 새송이버섯은 1cm 정도 두께로 채썬다.

양파와 새송이버섯에 소금을 뿌리고 각각 다른 팬에서 5분 정도 숨이 죽을 때까지 볶는다.

달군 팬에 소스 1을 넣고 향이 나도록 볶다가 소스 2를 넣고 5분 정도 끓인다.

2의 구운 두부를 넣고 양념이 자작해질 때까지 조린 뒤 참기름을 두른다.

두부, 새송이버섯, 양파 순서로 그릇에 담고 남은 소스를 올린다.

등갈비김치찜

등갈비김치찜을 만들었다면 다른 반찬은
필요가 없습니다. 잘 익은 묵은지를 등갈비와 푹 끓여낸
맛있는 김치찜 하나만으로도 밥 두 공기는 거뜬하죠.
맛있을 수밖에 없는 재료로 만든 든든한 한끼에 도전해보세요.

재료

• 4인 분량

돼지고기(등갈비) ——— 600g
묵은지 ——— 600g
양파 ——— 200g
멸치국물 ——— 6컵(P.195 참조)
대파 ——— 1대
생강 ——— 5g
마늘 ——— 5쪽
청주 ——— 1큰술

• 등갈비양념

마늘 다진 것 2큰술, 청주 2큰술, 간장 2큰술
설탕 2큰술, 고춧가루 1큰술, 참기름 1큰술
생강 다진 것 1작은술, 후추 약간

• 김치양념

올리고당 2큰술, 참기름 2큰술, 마늘 다진 것 1큰술
고춧가루 1큰술, 참치액 1큰술, 설탕 1큰술
후추 약간

만드는 법

돼지고기는 차가운 물에 30분 정도 담가 핏물을 제거한다.

끓는 물에 돼지고기, 대파 ½대, 생강, 마늘, 청주를 넣고 5분 정도 데친다.

분량의 재료를 골고루 섞어 등갈비양념을 만들고 돼지고기를 넣은 뒤 실온에서 1시간 정도 재운다.

미자언니의 꿀팁!
돼지고기를 미리 데치면 누린내와 기름이 제거돼 더 담백하다.

묵은지는 먹기 좋은 크기로 자르고 분량의 김치양념 재료를 넣어 버무린다.

3의 돼지고기, 채썬 양파와 묵은지를 냄비에 보기 좋게 담고 멸치국물을 넣어 한소끔 끓인다. 찜이 끓어오르면 중불에서 50분 정도 더 끓인다.

남은 대파를 어슷하게 썰어서 올린다.

즉석 반찬

신선하고 맛있는 재료로 만든 반찬은 저절로 손이 갈 만큼 재료의 맛이 살아 있습니다. 바로 만들어서 바로 먹으면 그 손맛까지 전해집니다. 채소를 다양하게 활용했으니 건강한 맛을 즐겨보세요. 좋아하는 재료가 있다면 그때그때 활용하기에 참 좋은 요리들입니다.

우엉들깨무침

우엉은 노폐물을 체외로 배출해 다이어트에 좋은 채소로 유명합니다.
자주 먹고 싶지만 항상 같은 조리법으로 만들게 되지요.
늘 먹던 조림 대신 우엉의 아삭한 식감을 살려서 무침으로 만들어보세요.
우엉을 좀 더 담백하게 먹을 수 있어요.

재료

● 2인 분량

우엉 ——— 100g
쪽파 ——— 40g
들깻가루 ——— 2큰술
식초 ——— 약간
설탕 ——— 약간

● 소스

매실청 1큰술, 레몬즙 1큰술
액젓(멸치, 꽃게) $1\frac{1}{2}$작은술, 간장 1작은술
설탕 1작은술, 식초 1작은술
연겨자물 1작은술(물 1작은술+연겨자 1작은술)

만드는 법

1 우엉은 0.5cm 두께, 4cm 길이로 얇게 편으로 썬다.

2 팔팔 끓는 물에 식초, 설탕을 넣고 우엉을 살짝 데친다.

미자언니의 꿀팁!
식초의 산 성분이 우엉의 갈변 현상을 막아준다.

3 쪽파는 4cm 길이로 자르고 흰 부분을 끓는 물에 먼저 넣고 초록 부분은 넣었다가 바로 뺀다.

4 우엉, 쪽파에 분량의 소스 재료를 넣어 버무리고 들깻가루를 넣은 뒤 골고루 섞는다.

미자언니의 꿀팁!
쪽파의 초록 부분은 색이 금방 변하므로 끓는 물에 넣었다가 바로 빼야 한다.

알배추샐러드

알배추는 절이는 과정 없이 바로 샐러드를 만들 수 있어서 간편합니다.
신선한 알배추로 아삭한 샐러드를 만들어보세요.
액젓과 참기름을 넣은 한식 드레싱으로 버무리면 짭조름하고
새콤한 맛이 어우러져 더욱 입맛을 돋웁니다.

재료

• 2인 분량

알배추 ——— 120g
영양부추 ——— 10g
청고추 ——— 1개

• 드레싱

액젓(멸치, 꽃게) 2작은술
설탕 2작은술, 식초 2작은술
마늘 다진 것 1작은술, 참기름 1작은술
검은깨 $\frac{1}{2}$작은술

만드는 법

1
알배추는 깨끗이 씻고 3cm 너비로 자른다.

2
영양부추는 2cm 길이로 자른다.

3
청고추는 잘게 다지고 분량의 드레싱 재료를 넣어 골고루 섞는다.

4
알배추, 영양부추, 3의 드레싱을 골고루 버무린다.

미자언니의 꿀팁!
샐러드 재료는 한입에 먹기 좋게 자른다. 알배추가 주인공인 만큼 다른 재료는 돋보이지 않도록 작게 자르면 좋다.

베이컨김치전

살짝 낯설 수도 있지만 베이컨과 맛살을 넣은 김치전은 고소한 맛과 씹는 맛이 있어 무척 맛있습니다. 김치를 싫어하는 아이들도 맛있게 잘 먹으니 아이들과 함께 특별한 김치전을 즐겨보세요.

재료

● 2인 분량

김치 —— 200g
베이컨 —— 90g+30g(토핑용)
게맛살 —— 90g
쪽파 —— 10g
부침가루 —— 2컵
물 —— 2컵
설탕 —— 1작은술
참기름 —— 1작은술
후추 —— $\frac{1}{3}$작은술
식용유 —— 약간

만드는 법

김치는 속을 털어내고 물기를 꼭 짠 뒤 0.5cm 너비로 자르고 설탕, 참기름, 후추를 넣어 버무린다.

베이컨은 0.5cm 너비로 썰고 토핑용 베이컨은 잘게 자른다.

게맛살은 결대로 찢고 쪽파는 송송 썬다.

부침가루와 물을 볼에 넣고 섞은 뒤 김치, 베이컨, 게맛살을 넣어 섞는다.

달군 팬에 식용유를 두르고 4의 반죽을 1큰술씩 떠서 올린 뒤 노릇하게 굽는다.

윗면에 쪽파와 토핑용 베이컨을 올리고 뒤집어서 노릇하게 익힌다.

미자언니의 꿀팁!
아이들도 먹을 수 있도록 맵지 않게 만들고 작은 크기로 굽는다. 크기가 작으면 빠른 시간 안에 골고루 익는다.

꼬막무침

꼬막은 원래 11월에서 3월까지가 제철이지만 요즘은 마트에서 언제든 구할 수 있습니다.
제철이 아니어도 알이 크고 살이 통통하죠.
쫄깃쫄깃한 꼬막무침은 반찬으로 먹기도 좋고 비빔밥으로도 활용 만점입니다.

재료

• 4인 분량

- 꼬막 — 500g
- 영양부추 — 10g
- 청고추 다진 것 — $\frac{1}{2}$큰술
- 홍고추 다진 것 — $\frac{1}{2}$큰술
- 간장 — 5큰술
- 청주 — 1큰술

• 양념

간장 $1\frac{1}{2}$큰술, 고춧가루 1작은술, 설탕 1작은술
깨소금 1작은술, 마늘 다진 것 $\frac{1}{2}$작은술
맛술 $\frac{1}{2}$작은술, 참기름 $\frac{1}{2}$작은술

만드는 법

꼬막은 껍데기를 깨끗이 씻고 찬물과 간장, 청주와 함께 냄비에 넣은 뒤 한 방향으로 저으면서 꼬막 입이 살짝 벌어질 때까지 끓인다.

꼬막이 입을 벌리면 체로 건지고 불순물이 남지 않도록 씻은 뒤 껍질 한쪽을 뗀다.

미자언니의 꿀팁!
꼬막이 오그라들지 않도록 찬물에 넣고 한 방향으로 저어야 한쪽 껍데기에만 꼬막이 붙는다. 간장을 넣으면 꼬막이 좀 더 탱글탱글해진다.

영양부추는 2cm 길이로 자른다.

꼬막, 영양부추, 청고추, 홍고추, 분량의 양념 재료를 모두 볼에 넣고 골고루 버무린다.

해물깨소스냉채

바다의 싱싱함이 입안을 가득 채우는 해물깨소스냉채는 새콤하고
달콤한 맛에 시원함까지 갖추고 있습니다.
해물과 채소는 피부 미용과 다이어트에도 좋으니 일석이조죠.
냉장고에 있는 다른 해산물을 넣어도 좋습니다.

재료

• 2인 분량

새우 ———— 5마리
관자 ———— 2개
취청오이 ———— $\frac{1}{2}$개
해초 말린 것 ———— 15g
레몬 슬라이스한 것 ———— 2조각

• 소스

청고추 다진 것 1큰술, 쪽파 다진 것 1큰술
간장 $1\frac{1}{2}$큰술, 설탕 $1\frac{1}{2}$큰술
식초 $1\frac{1}{2}$큰술, 맛술 $\frac{1}{2}$큰술
참기름 $\frac{1}{2}$큰술, 통깨 $\frac{1}{2}$큰술

만드는 법

해초는 물에 넣어 10분 정도 불리고 꽉 짜서 물기를 뺀다.

관자는 0.3~0.5cm 두께로 슬라이스한다.

끓는 물에 머리와 껍데기를 제거한 새우와 레몬을 넣고 새우살이 붉은색을 띨 때까지 데친다.

끓는 물에 레몬과 관자를 넣은 뒤 살짝 익을 정도로 데친다.

오이는 돌려 깎고 가늘게 채썬다.

분량의 재료를 골고루 섞어 소스를 만든다.

미자언니의 꿀팁!
새우와 관자를 데칠 때 레몬을 넣으면 비린내를 없앨 수 있다. 해물이라 오래 끓이면 쪼그라들고 식감이 딱딱해지니 조심한다.

새우, 관자, 오이, 해초를 보기 좋게 그릇에 담고 소스를 뿌린다.

버섯샐러드

버섯을 구우면 더 향긋해집니다.
다양한 버섯을 넣어 향기로운 샐러드입니다.
버섯을 종류별로 넣어도 좋고 냉장고에 있는 버섯을 넣어도 좋아요.
샐러드 채소만 곁들이면 영양 가득한 메뉴가 완성됩니다.

재료

● 2인 분량

- 양송이버섯 — 200g
- 느타리버섯 — 200g
- 표고버섯 — 200g
- 어린잎 — 70g
- 발사믹글레이즈 — $\frac{2}{3}$큰술
- 파르메산 간 것 — $\frac{1}{2}$큰술
- 식용유 — 약간

● 드레싱

- 올리브유 3큰술, 설탕 1$\frac{1}{2}$큰술
- 화이트와인식초 1큰술, 마늘 다진 것 $\frac{1}{2}$큰술
- 양파 다진 것 $\frac{1}{2}$큰술, 소금 약간

만드는 법

1 표고버섯은 3cm 두께로 슬라이스한다.

2 느타리버섯은 결대로 찢고 양송이버섯은 밑동을 뗀다.

3 달군 팬에 식용유를 두르고 양송이버섯, 표고버섯, 느타리버섯을 넣어 노릇노릇한 색이 날 때까지 굽는다.

4 분량의 재료를 골고루 섞어 드레싱을 만든다.

5 구운 버섯과 어린잎을 그릇에 담고 드레싱을 뿌린다.

6 발사믹글레이즈와 파르메산을 뿌린다.

미자언니의 꿀팁!
발사믹글레이즈를 뿌리면 맛이 배가되고 보기도 좋다.

과일골뱅이무침

술안주로 인기인 골뱅이무침에 과일을 넣어 더 건강하게 만들어보았습니다.
쫄깃쫄깃한 골뱅이에 아삭아삭한 과일이 무척 잘 어울려요.
소면을 곁들이면 더 맛있게 먹을 수 있습니다.

도토리묵들깨무침

도토리묵은 우리 몸에 쌓인 중금속을 배출해주는 작용을 할 뿐 아니라 다이어트 식품으로 인기 있는 재료입니다. 각종 채소와 함께 무친 도토리묵에 들깨를 넣어보세요. 고소함이 배가되는 것은 물론 더욱 건강한 메뉴가 됩니다.

과일골뱅이무침

재료

● 2인 분량

골뱅이	300g
참나물	100g
대파(흰 부분)	$\frac{1}{2}$대
오이	$\frac{1}{2}$개
사과	$\frac{1}{2}$개
배	$\frac{1}{4}$개
참외	$\frac{1}{4}$개
양파	$\frac{1}{4}$개
청고추	2개
통깨	1큰술
참기름	1큰술

● 양념

설탕 3큰술, 식초 2큰술
간장 2큰술
고춧가루 2큰술
마늘 다진 것 1$\frac{1}{2}$큰술
레몬주스 1큰술
생강 다진 것 $\frac{1}{4}$큰술
연겨자 $\frac{1}{2}$작은술
후추 약간

만드는 법

골뱅이는 2등분한다.

골뱅이를 끓는 물에 넣어 살짝 데친다.

참나물은 4cm의 길이로 자르고 대파는 흰 부분만 가늘게 채썬다.

미자언니의 꿀팁!
캔골뱅이는 골뱅이만 건져서 씻지 않은 상태 그대로 끓는 물에 넣어 살짝 데치고 물기를 제거한 뒤 사용한다.

오이는 길이로 2등분한 뒤 0.5cm 두께로 어슷하게 썬다. 양파는 0.2cm 두께로 얇게 채 썰고 청고추는 어슷하게 썬다.

사과와 배는 씨를 제거하고 도톰하게 채썬다.

참외는 속을 파내고 모양대로 1cm 두께로 슬라이스한다.

분량의 재료를 골고루 섞어 양념을 만든다.

골뱅이와 7의 양념을 볼에 넣고 골고루 버무린다.

손질한 과일과 채소를 넣고 골고루 버무린 뒤 통깨, 참기름을 넣어 마무리한다.

미자언니의 꿀팁!
먹기 직전에 양념을 넣어 버무리면 과일의 아삭한 식감이 더 돋보인다.

도토리묵들깨무침

재료

● 2인 분량

도토리묵 ——— 400g
깻잎 ——— 10장
오이 ——— $\frac{1}{2}$개
당근 ——— $\frac{1}{3}$개
청양고추 ——— $\frac{1}{2}$개
홍고추 ——— $\frac{1}{2}$개
들깨 ——— 3큰술

● 양념

간장 2큰술, 고춧가루 1$\frac{1}{2}$큰술
대파 다진 것 1큰술, 참치액 1큰술
설탕 1큰술, 매실청 1큰술, 통깨 1큰술
들기름 1큰술, 식초 1큰술
마늘 다진 것 $\frac{1}{2}$큰술

만드는 법

도토리묵은 먹기 좋은 크기로 자르고 0.7~1cm 두께로 썬다.

깻잎은 1~2cm 너비로 썰고 청양고추와 홍고추는 어슷하게 썬다.

오이는 길이로 반을 갈라 씨를 제거하고 0.5cm 두께로 어슷하게 썬다.

미자언니의 꿀팁!
오이는 씨를 제거하면 무르지 않고 더 아삭하다.

당근도 길이로 반을 가르고 0.3cm 두께로 어슷하게 썬다.

분량의 재료를 골고루 섞어 양념을 만든다.

도토리묵, 깻잎, 오이, 당근, 청양고추, 홍고추를 볼에 넣고 5의 양념을 넣는다.

골고루 버무려 양념이 잘 섞이도록 한다.

들깨를 뿌리고 골고루 섞는다.

미자언니의 꿀팁!
들깨를 양념과 미리 섞으면 양념이 탁해지니 들깨는 나중에 넣는다.

해물달걀찜

달걀은 항상 집에 있는 재료입니다.
평소에는 달걀프라이, 스크램블드에그, 달걀말이 등 다양한 반찬을 만듭니다.
자주 먹는 반찬 대신 조금 색다른 달걀 요리에 도전해보면 어떨까요?
해물을 넣은 달걀찜은 부드럽고 감칠맛이 있어 누구나 좋아합니다.

재료

● 2인 분량

달걀 — 3개
알새우 — 3마리
표고버섯 슬라이스한 것 — 6조각
쪽파 다진 것 — 1큰술
멸치국물 — 1컵(P.195 참조)
우유 — 2큰술
참치액 — 1작은술

만드는 법

달걀, 멸치국물, 우유, 참치액을 볼에 넣고 골고루 섞은 뒤 고운 체에 거른다.

1을 다시 체에 거르고 내열그릇에 80% 정도 담는다.

미자언니의 꿀팁!
달걀을 체로 거르면 알끈이 제거돼 결이 곱고 부드러워진다.

김이 오른 찜기에 넣고 뚜껑을 덮은 뒤 10분 정도 찐다.

알새우, 표고버섯, 쪽파를 올리고 뚜껑을 덮은 뒤 5분 정도 더 찐다.

명란감자오이무침

포슬포슬한 감자와 명란, 오이를 넣어 맛도 식감도 좋은 반찬입니다.
반찬이지만 그다지 짜지 않아 그냥 먹어도 좋고 빵이나
크래커와 함께 먹어도 맛있어요. 감자를 부드럽게 으깨서 만들어보세요.

문어샐러드

문어는 타우린이 많고 피로 회복에 좋은 재료입니다.
고소하고 담백한 바다의 맛이 느껴지는 맛있는 해산물이죠.
지친 여름날 원기를 회복하기에 좋은 문어에 샐러드를 곁들여보세요.
깔끔하게 입안을 정리해줍니다.

명란감자오이무침

재료

● 2인 분량

명란(저염) ——— 70g
감자 ——— 2개
취청오이 ——— $\frac{1}{2}$개
설탕 ——— 1작은술
식초 ——— 1작은술
소금 ——— $\frac{1}{5}$작은술

● 양념

우유 4큰술, 생크림 2큰술
설탕 1큰술, 고추냉이 $\frac{1}{2}$큰술
소금 $\frac{1}{4}$작은술

만드는 법

1 명란은 껍질을 자르고 속만 숟가락으로 뜬다.

미자언니의 꿀팁!
명란에 길이로 칼집을 내면 속을 쉽게 떠낼 수 있다.

2 감자를 삶은 뒤 뜨거울 때 으깬다.

미자언니의 꿀팁!
삶은 감자는 뜨거울 때 으깨야 덩어리지지 않고 곱게 으깰 수 있다.

취청오이는 세로로 반을 가르고 얇게 어슷하게 썬다.

취청오이에 설탕, 식초, 소금을 넣고 10분 정도 절인다.

분량의 재료를 골고루 섞어 양념을 만든다.

명란, 감자, 취청오이를 볼에 넣고 골고루 섞는다.

5의 양념을 넣고 골고루 버무린다.

문어샐러드

재료

• 2인 분량

자숙문어 ——— 200~300g
양상추 ——— $\frac{1}{4}$통
양파 ——— $\frac{1}{4}$개
마늘 ——— 5쪽
쪽파 ——— 약간

• 드레싱

화이트와인식초 2큰술
설탕 2큰술
올리브유 1큰술, 레몬즙 1큰술
연겨자 1작은술
소금 $\frac{1}{4}$작은술, 후추 약간

만드는 법

1

분량의 재료를 골고루 섞어 드레싱을 만들고 냉장 보관한다.

2

양상추는 한입 크기로 뜯는다.

3

양파는 얇게 채썰고 찬물에 5분 정도 담근 뒤 물기를 제거한다.

미자언니의 꿀팁!
양파는 아린 맛을 빼기 위해 찬물에 담가둔다.

마늘은 0.3cm 두께로 편으로 썰고 쪽파는 송송 썬다.

달군 팬에 마늘을 넣고 바삭하게 굽는다.

자숙문어는 뜨거운 물에 넣어 살짝 데치고 물기를 제거한다.

자숙문어를 0.5cm 두께로 어슷하게 썰고 냉장실에 넣어 차갑게 둔다.

자숙문어, 양상추, 양파, 마늘, 쪽파를 그릇에 담고 드레싱을 뿌린다.

옥수수전

달콤한 초당옥수수가 제철인 초여름에는 옥수수 알갱이가 살아 있는 옥수수전을 만듭니다.
달콤하면서도 감칠맛이 있어 어른도 아이도 좋아하죠.
생 옥수수가 없다면 시판 옥수수 통조림으로 대체해도 좋습니다.
전을 부칠 때 계량스푼을 활용하면 일정한 크기로 만들 수 있답니다.

재료

•2인 분량

옥수수 150g
부침가루 60g
물 60g
양파 30g
빨간색 파프리카 ¼개
식용유 약간

만드는 법

옥수수는 칼로 4면을 잘라서 알만 떼고 끓는 물에 넣어 3~4분 정도 데친 뒤 물기를 제거한다.

양파와 파프리카는 0.5cm 크기로 깍둑썰기한다.

옥수수, 부침가루, 물, 양파, 파프리카를 볼에 넣고 골고루 섞어서 반죽을 만든다.

미자언니의 꿀팁!
옥수수를 세로로 놓고 알맹이만 긁듯이 칼을 위에서 아래로 내리면서 자른다.

달군 팬에 식용유를 두르고 3의 반죽을 1큰술씩 떠서 올린다.

앞뒤로 뒤집어가며 노릇노릇하게 굽는다.

연근샐러드

연근은 식이섬유가 많아 장이 좋지 않은 사람에게도 부담 없는 채소입니다. 소스에 들어가는 검은깨에는 항산화 작용, 치매 예방, 노화 방지의 효과도 있다고 하니 건강을 위한 맛있는 샐러드임에 틀림없습니다.

재료

• 2인 분량

연근 ——— 250g

식초 ——— $\frac{1}{2}$작은술

• 소스

마요네즈 $\frac{1}{2}$컵, 검은깨 5큰술, 설탕 2$\frac{1}{2}$큰술
식초 1큰술, 레몬주스 1큰술, 소금 $\frac{1}{3}$작은술

만드는 법

연근은 필러로 껍질을 벗기고 0.3~0.5cm 두께로 둥글게 슬라이스한다.

끓는 물에 식초와 연근을 넣고 3~4분 정도 데친 뒤 찬물에 헹구고 체에 밭쳐 물기를 제거한다.

미자언니의 꿀팁!
연근을 미리 데치면 갈변 현상을 방지할 수 있고 찬물에 헹구면 전분이 제거된다.

분량의 재료를 골고루 섞어 소스를 만든다.

데친 연근과 3의 소스를 골고루 버무린다.

아보카도연두부

부드럽고 고소한 연두부와 슈퍼푸드 아보카도로 만든 샐러드입니다.
버터같이 부드러운 아보카도는 다양하게 활용할 수 있지만
특히 샐러드와 잘 어울립니다. 간단하게 만들어서 아침 식사로 즐겨보세요.
든든하고 건강하게 아침을 시작할 수 있습니다.

재료

● 2인 분량

아보카도 ——— 1개
연두부 ——— 90g
어린잎 ——— 70g
김 채썬 것 ——— 약간

● 소스

물 4큰술, 맛간장 1큰술(P.197 참조)
설탕 2작은술, 식초 1½작은술
연고추냉이 1작은술, 참기름 1작은술
레몬주스 ½작은술

만드는 법

잘 익은 아보카도는 2등분해서 씨를 제거하고 껍질을 벗긴다.

아보카도를 0.5cm 두께로 슬라이스하고 어린잎은 흐르는 물에 씻은 뒤 물기를 제거한다.

분량의 재료를 골고루 섞어 소스를 만든다.

아보카도, 연두부, 어린잎, 김을 그릇에 담고 3의 소스를 뿌린다

미자언니의 꿀팁!
어린잎의 숨이 죽지 않도록 먹기 직전에 소스를 뿌린다.

연두부쑥갓멸치샐러드

칼슘이 듬뿍 들어 있는 멸치를 기름에 볶아 드레싱으로 한번,
그리고 토핑으로 또 한번 활용한 특별한 샐러드입니다.
연두부와 채소를 듬뿍 넣어 영양의 균형도 잘 잡혀 있죠.
가볍게 먹고 싶은 날, 식사 대신 먹거나
애피타이저로 입맛 돋울 때 먹어도 좋아요.

재료

• 2인 분량

연두부	1개	피망	$\frac{1}{2}$개
쑥갓	80g	참기름	3큰술
로메인상추	50g	식용유	3큰술
멸치(세멸)	40g		
양파	$\frac{1}{4}$개		

• 멸치드레싱

- 멸치 볶은 기름 1$\frac{1}{2}$큰술
- 맛간장 1$\frac{1}{2}$큰술(P.197 참조)
- 물 1큰술
- 식초 $\frac{1}{2}$큰술(또는 화이트와인식초)
- 설탕 $\frac{1}{2}$큰술
- 생강술 $\frac{1}{4}$작은술(P.198 참조)

만드는 법

1 쑥갓과 로메인상추는 깨끗이 씻어서 먹기 좋은 크기로 뜯는다.

2 양파는 0.3cm 두께로 채썰고 피망은 0.5cm 두께, 5cm 길이로 채썬다.

3 달군 팬에 참기름과 식용유를 두르고 멸치를 넣어 3~5분 정도 약불에서 바삭하게 볶는다.

4 멸치는 따로 건지고 기름은 드레싱에 사용한다.

5 분량의 재료를 골고루 섞어 멸치드레싱을 만든다.

6 연두부와 채소를 그릇에 담고 멸치드레싱을 뿌린 뒤 멸치를 올린다.

미자언니의 꿀팁!

멸치를 볶는데 쓴 기름을 드레싱으로 사용하면 멸치의 영양도 섭취하고 풍미도 더할 수 있다.

채소된장무침

채소 반찬이 필요할 때 간단하게 만들어 식탁에 올릴 수 있는 메뉴입니다.
냉장고에 잠들어 있는 자투리 채소를 활용해도 좋아요.
된장이 채소의 아삭한 맛을 살려줍니다.

재료

● 2인 분량

아삭이고추 ——— 100g
브로콜리 ——— 100g
마 ——— 100g
소금 ——— 약간

● 양념

된장 2큰술, 참기름 1큰술, 마늘 다진 것 $\frac{1}{2}$큰술
올리고당 $\frac{1}{2}$큰술, 통깨 $\frac{1}{2}$큰술, 고추장 1작은술
고춧가루 $\frac{1}{2}$작은술

만드는 법

아삭이고추는 3cm 크기로 자른다.

마는 1~2cm 크기로 깍둑썰기 한다.

브로콜리는 한입 크기로 자른다.

미자언니의 꿀팁!
마를 생으로 사용하면 소화 기능에 좋은 뮤신이라는 점액질 성분을 그대로 섭취할 수 있다.

끓는 물에 소금을 넣고 브로콜리를 넣어 3분 정도 데친 뒤 물기를 제거한다.

분량의 재료를 골고루 섞어 양념을 만든다.

아삭이고추, 브로콜리, 마를 볼에 담고 5의 양념을 넣은 뒤 골고루 버무린다.

팽이버섯잡채

팽이버섯을 익히지 않고 생으로 먹는 색다른 메뉴입니다.
은은한 버섯 향과 함께 씹는 식감까지 즐길 수 있어서 더욱 매력적이에요.
포만감도 있어서 다이어트에도 좋은 요리입니다.
간장 양념을 더해서 입맛을 돋우는데도 제격이죠.

재료

• 2인 분량

팽이버섯 ——— 1봉지(150g)
게맛살 ——— 4개
취청오이 ——— $\frac{1}{2}$개
양파 ——— $\frac{1}{4}$개

• 양념

맛간장 2큰술(P.197 참조), 레몬즙 2큰술
통깨 2큰술, 올리고당 2큰술
액젓(멸치, 꽃게) 1작은술, 겨자 1작은술
청양고추 다진 것 1작은술, 설탕 $\frac{1}{2}$작은술
소금 약간, 후추 약간

만드는 법

팽이버섯은 밑동을 자른 뒤 몇 가닥씩 잘게 뜯는다.

취청오이는 돌려 깎고 가늘게 채 썬 뒤 찬물에 담근다.

양파는 채썰고 게맛살은 결대로 찢는다.

미자언니의 꿀팁!
취청오이를 돌려 깎는 게 힘들다면 도마에 놓고 포를 뜨듯 깎아보자.

분량의 재료를 골고루 섞어 양념을 만든다.

팽이버섯, 게맛살, 취청오이, 양파를 볼에 넣고 4의 소스를 넣어 골고루 버무린다.

밑반찬

냉장고에 보관하는 밑반찬에 도전해보세요.
보면 요리 실력도 더 업그레이드될 거예요. 든든하게
무침, 조림, 강정 등 다양한 방법을 활용해 밑반찬을 만들다
다. 미리 만들어서 맛을 숙성시키면 더 맛있게 먹을 수 있죠.
잘 만든 밑반찬 몇 가지만 있으면 상 차리기가 훨씬 간단합니

시래기된장지짐

무청이나 배춧잎을 말린 시래기는 국으로도 많이 만들지만 반찬으로 만들어도 특별하죠. 시래기는 껍질을 벗겨야 더 부드럽고 양념이 잘 뱁니다. 들깨가루를 넣어 구수한 시래기된장지짐은 젓가락을 놓지 못하는 밥도둑이 될 거예요.

재료

• 2인 분량

시래기 삶은 것 ——— 200g
물 ——— 4컵
멸치(국물용) ——— 10g
대파 ——— $\frac{1}{2}$대
들깻가루 ——— 2큰술
식용유 ——— 2큰술

• 양념

들기름 2큰술, 된장 1큰술
대파 다진 것 1큰술, 마늘 다진 것 $\frac{1}{2}$큰술
참치액 $\frac{1}{2}$큰술, 고춧가루 $\frac{1}{2}$큰술

만드는 법

시래기는 10분간 뚜껑을 덮어 삶는다. 시래기는 먹기 좋게 자르고 분량의 양념 재료를 넣어 골고루 버무린 뒤 10분 정도 둔다.

냄비에 식용유를 두르고 1을 넣어 달달 볶는다.

멸치는 머리와 내장을 떼고 2에 넣고 5분 정도 더 볶는다.

미자언니의 꿀팁!
시레기에 양념을 넣고 버무린 뒤 잠시 재우면 속까지 양념이 잘 밴다.

물과 들깻가루를 넣고 뚜껑을 덮은 뒤 중약불에서 20분 이상 푹 익힌다.

대파를 송송 썰어서 넣고 불을 끈다.

멸치들깨볶음

멸치볶음은 건강하고 바삭한 밑반찬입니다.
고소하고 씹히는 맛이 좋은 들깨를 멸치와 함께 볶으면
톡톡 터지는 식감이 무척 재밌습니다.
아이들 반찬으로도 좋은 멸치볶음을 맛있게 만들어보세요.

재료

• 2인 분량

멸치(세멸) ——— 60g
청고추 다진 것 ——— $\frac{1}{4}$개 분량
홍고추 다진 것 ——— $\frac{1}{4}$개 분량
들깨 ——— 2큰술

• 양념

올리고당 2큰술, 들기름 2큰술
맛간장 1작은술(P.197 참조)

만드는 법

1 달군 팬에 멸치를 넣고 2~3분 정도 바삭하게 볶은 뒤 덜어서 식힌다.

2 분량의 양념 재료를 골고루 섞고 팬에 넣어 바글바글 끓인다.

미자언니의 꿀팁!
멸치를 바삭하게 볶은 뒤 식히면 더 바삭해진다.

3 볶은 멸치를 넣어 버무리고 불을 끈다.

4 청고추와 홍고추, 들깨를 넣고 섞는다.

감자소고기조림

감자조림에 소고기를 넣으면 깊은 맛을 더할 수 있습니다.
호불호 없이 누구나 좋아하는 반찬이라서 많은 양을 만들어서
냉장 보관하고 먹어도 좋아요. 먹기 전 꺼내서 전자레인지에서
살짝 데워 먹어도 맛있습니다.

재료

• 2인 분량

감자	400g
소고기(불고기용)	80g
꽈리고추	5개
물	$\frac{1}{2}$컵
올리고당	1큰술
참기름	1작은술
식용유	1큰술
깨소금	약간

• 소고기밑간

대파 다진 것 $\frac{1}{2}$큰술, 간장 $\frac{1}{2}$큰술, 설탕 1작은술
마늘 다진 깃 1직은술, 침기름 1작은술, 후추 약간

• 조림장

맛간장 $1\frac{1}{2}$큰술(P.197 참조), 매실청 1큰술
참기름 1작은술, 후추 약간

만드는 법

감자는 2cm 크기로 깍둑썰기 한다.

감자를 찬물에 헹구고 물기를 뺀다.

분량의 소고기밑간 재료를 골고루 섞고 소고기를 넣은 뒤 10분 정도 재운다.

미자언니의 꿀팁!
감자를 찬물에 헹구면 전분기가 제거돼 좀 더 깔끔하다.

달군 팬에 식용유를 두르고 감자를 넣어 익을 정도로 볶다가 물을 붓고 10분 정도 더 볶는다.

달군 팬에 소고기를 넣고 5분 정도 볶는다.

4에 소고기, 꽈리고추, 분량의 조림장 재료를 넣어 볶다가 올리고당, 참기름, 깨소금을 넣어 버무린 뒤 불을 끈다.

무말랭이오징어채무침

오징어채를 요리할 때는 부드럽게 만드는 것이 중요합니다.
오징어채를 김 오른 찜기에 살짝 찌면
식감이 더 부드러워져요. 뽀독뽀독한 무말랭이와 함께 무쳐
든든한 밑반찬으로 즐겨보세요.

재료

• 2인 분량

무말랭이 ——— 150g
오징어채 ——— 50g
맛간장 ——— $\frac{1}{2}$컵(P.197 참조)
설탕 ——— 3큰술

• 양념

고추장 2큰술, 마늘 다진 것 $1\frac{1}{2}$큰술
고춧가루 $1\frac{1}{2}$큰술, 설탕 $1\frac{1}{2}$큰술, 통깨 $1\frac{1}{2}$큰술
간장 1큰술, 물엿 1큰술, 식초 1큰술, 쪽파 다진 것 약간

만드는 법

1. 무말랭이는 물에 넣어 30분 정도 불린다.

2. 불린 무말랭이를 헹구고 꼭 짠다.

3. 불린 무말랭이에 맛간장과 설탕을 넣고 버무린 뒤 하룻밤 정도 재운다.

미자언니의 꿀팁!
무말랭이는 건조시킨 것이라 하루 정도 냉장실에서 불린 뒤 사용해야 간이 골고루 밴다.

4. 오징어채는 3~4cm 길이로 자르고 김 오른 찜기에 넣어 2분 정도 찐다.

5. 분량의 재료를 골고루 섞어 양념을 만든다.

6. 무말랭이, 오징어채를 볼에 넣고 양념을 부은 뒤 골고루 버무린다.

미역자반

늘 집에 있는 건미역으로 간단하지만 맛있는 반찬을 만들 수 있어요.
바삭하게 볶아서 밥 반찬으로, 맥주 안주로 즐겨보세요.
칼슘을 충분히 섭취할 수 있어서 건강에도 좋습니다.

재료

● 2인 분량

건미역 —— 40g
식용유 —— 3큰술
깨 —— ½큰술

● 양념

설탕 2큰술, 물 2큰술
꿀 1작은술

만드는 법

미역은 3cm 정도 길이로 자른다.

달군 팬에 식용유를 두르고 미역을 넣어 파르스름한 색이 나고 톡톡 소리가 날 때까지 볶는다.

볶은 미역을 체에 밭쳐 기름기를 뺀다.

미자언니의 꿀팁!
미역이 타지 않도록 계속 주의하면서 중불에서 볶는다.

분량의 양념 재료를 팬에 넣고 자작하게 끓인다.

3의 미역을 넣어 빠르게 버무린다.

깨를 뿌리고 골고루 섞는다.

명란장조림

명란은 다양하게 활용할 수 있는 좋은 재료입니다.
그냥 먹어도 맛있고 살짝 구워 먹어도 맛있죠.
알알이 씹히는 맛이 좋은 명란을 짜지 않은 장조림으로 만들어보세요.
영양분까지 풍부한 든든한 밑반찬입니다.

재료

- 2인 분량

명란 ———— 500g
꽈리고추 ———— 5개
청양고추 ———— 1개
홍고추 ———— 1개
생강 ———— 4g
물엿 ———— 1큰술

- 조림장

물 2컵, 간장 $\frac{1}{2}$컵, 청주 2큰술
설탕 1큰술, 맛술 1큰술

만드는 법

생강은 0.5cm 두께로 얇게 편으로 썰고 청양고추와 홍고추는 어슷하게 썬다.

냄비에 물을 붓고 생강을 넣어 끓이다가 물이 끓어오르면 명란을 넣은 뒤 약불로 낮춰서 명란을 속까지 익힌다.

명란을 체로 건지고 식힌다.

미자언니의 꿀팁!
생강은 비린내를 제거해준다. 명란은 젓가락으로 찔렀을 때 묻어나는 게 없으면 잘 익은 것이다.

분량의 조림장 재료를 골고루 섞어서 냄비에 넣고 한소끔 끓으면 명란을 넣은 뒤 5분 정도 끓인다.

꽈리고추와 청양고추, 홍고추, 물엿을 넣고 섞는다.

크림치즈오징어젓갈

오징어젓갈에 부드러움과 풍미가 가득한 크림치즈를 넣어보세요.
낯설 수 있는 조합이지만 부드러운 크림치즈의 맛에 반해버릴지도 모릅니다.
짭짤한 오징어젓길과 부드러운 크림치즈의 조합이 의외로 잘 어울려요

재료

● 2인 분량

오징어젓갈 —— 100g
크림치즈 —— 50g
쪽파(또는 청양고추) 다진 것 —— 3큰술

만드는 법

크림치즈는 1.5cm 크기로 깍둑썰기한다.

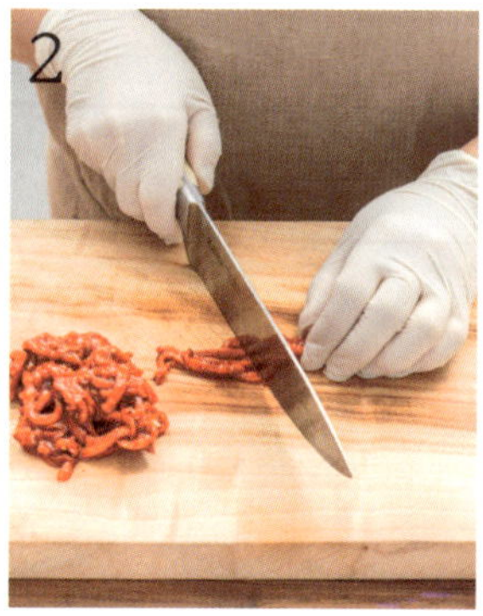

오징어젓갈은 7cm 길이로 자른다.

크림치즈와 오징어젓갈을 골고루 섞고 쪽파를 뿌린다.

미자언니의 꿀팁!
크림치즈는 실온에서는 부드러워지므로 냉장실에서 바로 꺼냈을 때 잘라야 한다.

조갯살강된장

강된장에 조갯살을 넣어 바글바글 끓이면
감칠맛이 배가됩니다.
맛있는 강된장은 밥도둑입니다.
별다른 반찬 없이도 밥 한 그릇을 금세 비우게 하죠.
여기에 싱싱한 쌈채소를 곁들여 쌈밥으로 즐겨도 좋습니다.

재료

• 2인 분량

조갯살	150g	된장	3큰술
새송이버섯	1개	올리고당	2큰술
양파	½개	멸치가루	2큰술
마늘	5쪽	고춧가루	2큰술
청양고추	3개	식용유	2큰술
조갯살 삶은 물	1컵		

만드는 법

1 끓는 물에 조갯살을 넣고 1~2분 정도 데친 뒤 조갯살과 국물을 분리한다.

2 새송이버섯과 양파는 0.5cm 크기로 잘게 다진다.

3 마늘은 편으로 썰고 청양고추는 송송 썬다.

4 달군 팬에 식용유를 두르고 새송이버섯, 양파를 넣어 볶다가 마늘, 멸치가루를 넣어 섞는다는 느낌으로 살짝 볶는다.

5 된장, 고춧가루를 넣어 먼저 볶는다.

6 조갯살과 청양고추, 올리고당을 넣고 1분 정도 더 볶는다.

미자언니의 꿀팁!
된장과 고춧가루를 먼저 볶으면 맛과 풍미가 더 깊어진다.

7 조갯살 삶은 물을 넣고 한소끔 끓인다.

관자버섯장조림

바다의 풍미가 가득한 관자와 새송이버섯으로 담백한 장조림을 만들었습니다. 관자와 새송이버섯은 식감이 무척 잘 어울리죠. 영양분도 풍부해서 건강 반찬으로도 손색이 없습니다.

재료

• 2인 분량

관자 ——— 300g
새송이버섯 ——— 150g
꽈리고추 ——— 120g
청주 ——— 1큰술

• 조림장

멸치다시마국물 3컵(P.196 참조)
맛간장 1½컵(P.197 참조)
맛술 2큰술, 청주 2큰술, 꿀 2큰술

만드는 법

1 물과 청주를 냄비에 넣어 끓이고 물이 끓어오르면 관자를 넣어 겉면이 코팅될 때까지 살짝 데친 뒤 체에 밭쳐 물기를 뺀다.

2 새송이버섯은 큼직하게 4등분한다.

3 분량의 조림장 재료를 냄비에 넣어 한소끔 끓이고 관자, 새송이버섯을 넣은 뒤 중불에서 20분 정도 끓인다.

4 꽈리고추를 넣고 한소끔 더 끓인다.

미자언니의 꿀팁!
꽈리고추는 살짝 끓여서 아삭한 식감을 살려야 장조림의 짭조름한 맛과 더 잘 어울린다.

자차이오징어무침

중국식 김치 요리인 자차이무침은 한국의 짠지무침과 비슷해서
한국 사람의 입맛에도 잘 맞습니다. 생각보다 만들기가 어렵지 않으니
넉넉히 만들어 밑반찬으로 즐겨보세요.
오징어를 데쳐 넣어서 더 고급스러운 자차이무침이 완성됐습니다.

재료

● 2인 분량

자차이 —— 150g
오징어 —— 120g
양파 —— ½개
오이 —— ½개

● 양념

설탕 3큰술, 식초 3큰술, 고춧가루 2큰술
고추기름 2큰술, 액젓(멸치, 꽃게) 1큰술
통깨 1큰술

만드는 법

자차이는 3~4번 헹구고 30분 정도 물에 담가둔 뒤 꼭 짜서 물기를 제거한다.

양파는 가늘게 채썰고 오이는 씨를 제거하고 얇게 채썬다.

오징어는 끓는 물에 살짝 데치고 식힌 뒤 자차이 크기로 가늘게 채썬다.

자차이, 오징어, 양파, 오이를 볼에 넣고 분량의 양념 재료를 넣어 골고루 버무린다.

미자언니의 꿀팁!
오징어는 오래 데치지 않도록 주의하고 붉은색이 나면 바로 꺼낸다. 몸통이 살짝 봉긋해지면 잘 데친 것이다.

호두조림

마늘, 꽈리고추 등 향이 있는 채소와 호두를 함께 조리면
향이 속까지 배어 느끼하지 않습니다. 여기에 유자를 넣은
조림장을 더해 더욱 맛있어요. 견과류는 꼭 호두가 아니어도 좋습니다.
아몬드, 땅콩, 캐슈너트 등 어느 견과류와도 잘 어울리는 맛입니다.

재료

● 2인 분량

호두 ——— 150g
마늘 ——— 5쪽
꽈리고추 ——— 5개

● 유자조림장

멸치다시마국물 $\frac{1}{2}$컵(P.196 참조), 맛술 2$\frac{1}{2}$큰술
간장 2큰술, 설탕 1$\frac{1}{2}$큰술, 참기름 1큰술, 통깨 1큰술
유자청(건더기) 1큰술

만드는 법

1 마늘은 편으로 썬다.

2 끓는 물에 호두를 넣고 2분 정도 데친 뒤 물기를 제거한다.

3 분량의 유자조림장 재료를 팬에 넣고 바글바글 끓이다가 호두를 넣은 뒤 조림장이 반으로 줄 때까지 졸인다.

4 꽈리고추, 마늘을 넣고 양념이 자작하게 줄 때까지 졸인다.

시골두부조림

이름부터 정겨운 시골두부조림은 앞뒤로 노릇하게 구운 두부를 활용하면 맛이 배가됩니다. 맛있게 구운 두부와 채소가 어우러지는 건강한 요리죠. 가끔은 이런 투박한 밥상이 참 그립습니다.

재료

● 2인 분량

두부	1모(200g)	대파	$\frac{1}{2}$대
표고버섯	1개	멸치(국물용)	3마리
양파	$\frac{1}{4}$개	멸치국물	1컵(P.195 참조)
깻잎	2~3장	통깨	1큰술
청양고추	$\frac{1}{2}$개	소금	약간
홍고추	$\frac{1}{2}$개	후춧가루	약간
		식용유	약간

● 양념

간장 2큰술, 물엿 $1\frac{1}{2}$큰술
맛술 $1\frac{1}{2}$큰술, 참기름 1큰술
참치액 $\frac{3}{4}$큰술
고춧가루 $\frac{1}{2}$큰술
마늘 다진 것 $1\frac{1}{2}$작은술
설탕 $1\frac{1}{2}$작은술
고추장 1작은술

만드는 법

두부는 1.5cm 두께, 7~8cm 너비로 자른다.

표고버섯, 양파는 0.5cm 두께로 채썰고 깻잎은 2cm 너비로 썰고 고추와 대파는 어슷하게 썬다.

멸치는 내장을 제거하고 마른 팬에 넣어 5분 정도 볶는다.

두부에 소금과 후춧가루를 뿌려 밑간한다.

달군 팬에 식용유를 두르고 두부를 넣어 앞뒤로 노릇하게 굽는다.

분량의 재료를 골고루 섞어 양념을 만든다.

구운 두부를 냄비에 반 정도 깔고 양파, 멸치, 표고버섯, 대파를 순서대로 올린 뒤 양념을 분량의 반 정도 올린다.

남은 두부를 넣고 청양고추, 홍고추, 깻잎을 올린 뒤 남은 양념을 모두 붓는다.

냄비 가장자리에 멸치국물을 붓고 국물이 자작해질 때까지 중불에서 10~15분 정도 끓인 뒤 통깨를 뿌린다.

견과쌈장

쌈채소에 견과쌈장을 곁들여보세요.
곱게 다진 견과류를 씹으면 고소한 맛이
입안에 가득 퍼집니다.
견과류의 풍성한 맛과 쌈장이 무척 잘 어울려요.
잘 삶은 호박잎이나 양배추와도 잘 어울리니
건강한 한 상을 준비해보세요.

재료

• 4인 분량

견과류 다진 것(아몬드, 호두, 땅콩 등)	3큰술
된장	3큰술
고추장	2큰술
마요네즈	1큰술
대파 다진 것	1큰술
맛술	1큰술
올리고당	$\frac{1}{2}$큰술
마늘 다진 것	1작은술
참치액	1작은술
생강술	$\frac{1}{5}$작은술(P.198 참조)

만드는 법

1 견과류는 너무 잘지 않게 다진다.

2 다진 견과류를 볼에 넣고 나머지 재료를 모두 넣은 뒤 골고루 섞는다.

미자언니의 꿀팁!

견과류는 씹는 맛이 살아 있도록 너무 잘게 다지지 않는다.

무어묵조림

늘 집에 있는 재료를 활용해 손쉽게 만들 수 있는 밑반찬입니다.
볶거나 끓여서 먹는 어묵에 무와 콩나물을 넣고 함께 조리면 멋진
일품 요리가 됩니다. 칼칼한 매운맛이 있어 먹을수록 더 끌리는 조합입니다.

재료

● 4인 분량

무 300g
어묵 300g
양파 200g
콩나물 100g
건새우 20g
대파 ½대
물 4컵
청고추 1개
참기름 2큰술
깨소금 1큰술

● 조림장

고춧가루 2½큰술
간장 2큰술, 설탕 2큰술
마늘 다진 것 1½큰술
생강술 1작은술(P.198 참조)
후추 1작은술

만드는 법

어묵은 5~7cm 크기로 큼직하게 썰고 양파는 채썰고 대파와 청고추는 가늘고 어슷하게 썬다.

무는 반달 모양으로 자른 뒤 냄비에 담고 물을 붓고 끓인다.

2가 끓으면 어묵과 양파를 넣고 뚜껑을 연 채로 한소끔 끓인다.

미자언니의 꿀팁!
도톰한 어묵을 사용하면 더 쫄깃하고 부드럽다.

분량의 재료를 골고루 섞어서 조림장을 만든다.

3에 콩나물, 건새우, 대파, 청고추를 넣고 끓인 뒤 재료가 익으면 조림장을 넣고 골고루 버무린다.

불을 끄고 참기름과 깨소금을 넣는다.

표고버섯아몬드강정

술안주로도 반찬으로도 간식으로도 좋은 표고버섯아몬드강정은
표고버섯과 아몬드의 재밌는 식감이 어우러져 저절로 웃음이 나는 맛입니다.
짭조름한 견과류와 버섯의 맛을 즐겨보세요.

재료

● 2인 분량

표고버섯 ——— 200g
아몬드 ——— 40g
녹말가루 ——— 100g
식용유 ——— 적당량

● 양념장

물엿 5큰술, 고추기름 3큰술
굴소스 2작은술, 간장 1작은술

만드는 법

1 표고버섯은 깨끗이 닦고 밑동을 뗀 뒤 4등분한다.

2 표고버섯에 물을 살짝 묻히고 녹말가루를 입힌다.

3 식용유를 냄비에 넣고 170℃까지 끓인 뒤 표고버섯을 넣어 5분 정도 노릇하게 튀긴다.

미자언니의 꿀팁!
표고버섯을 흐르는 물에 살짝 샤워시키듯 씻은 뒤 물을 묻힌다.

4 아몬드를 3에 넣고 1분 정도 튀긴다.

5 분량의 양념장 재료를 팬에 넣고 한소끔 끓인 뒤 불을 끈다.

6 튀긴 표고버섯과 아몬드를 5에 넣고 골고루 버무린다.

묵은지된장지짐

고소한 들기름과 된장양념을 더해 담백한 김치 요리를 만들었습니다.
갓 만든 김치보다는 푹 익혀서 무른 식감의 묵은지가 더 잘 어울려요.
김치와 된장은 의외로 맛이 잘 어울립니다.

재료

• 4인 분량

묵은지 ——— 600g
멸치국물 ——— 5컵(P.195 참조)
들기름 ——— 1큰술

• 된장양념

청양고추 다진 것 1큰술, 된장 $2\frac{1}{2}$큰술
들기름 2큰술, 참치액 $1\frac{1}{2}$큰술
매실청 $1\frac{1}{2}$큰술, 설탕 $1\frac{1}{2}$큰술, 올리고당 1큰술

만드는 법

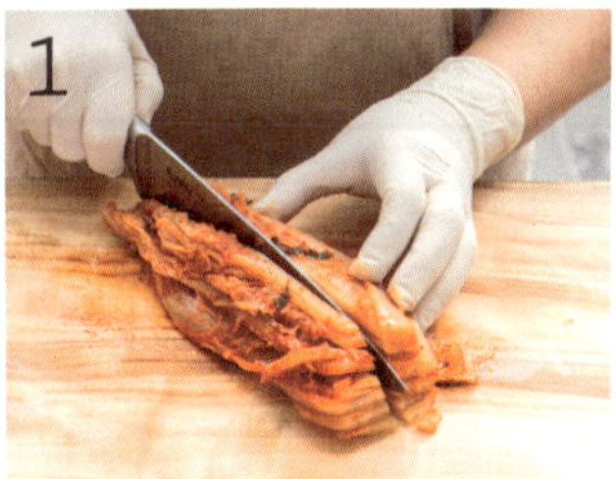

묵은지는 길게 2등분하고 양념을 물에 씻는다.

분량의 재료를 골고루 섞어 된장양념을 만든다.

2의 된장양념에 묵은지를 넣고 골고루 버무린다.

미자언니의 꿀팁!
묵은지를 씻어서 양념을 털어내면 맛이 더 담백하다.

멸치국물을 냄비에 붓고 3의 묵은지를 넣은 뒤 센불에서 5분 정도 끓이다가 중불에서 뭉근히 푹 익힌다.

들기름을 넣고 불을 끈다.

저장 반찬

한식은 저장 반찬이 참 중요합니다. 김치, 깍두기 등 대표적인 저장 반찬이 있지만 가끔은 색다른 저장 반찬을 준비해보세요. 요리를 더욱 맛있게 만들어주고 입맛을 돋우는 저장 반찬은 식탁에 꼭 필요한 요리입니다. 겉절이, 피클, 장아찌 등 다양한 저장 반찬으로 맛있는 한끼를 만들어보세요.

토마토김치

토마토는 비타민과 항산화물질이 풍부한 슈퍼푸드입니다.
소스로 만들거나 생으로 먹는 토마토를 김치로 만들어보았습니다.
김치를 만들기 위해서는 단단하고 빨갛게 익은 토마토가 좋아요.
냉장 보관하고 김치처럼 기호에 따라 보관하고 먹으면 됩니다.

재료

● 4인 분량

토마토 ——— 1kg
무 ——— 200g
양파 ——— 100g
당근 ——— 50g
쪽파 ——— 30g

● 양념

배즙 $\frac{1}{2}$컵, 마늘 다진 것 2큰술
매실청 2큰술, 고춧가루 2큰술
액젓(멸치) 1큰술, 새우젓 1큰술
꽃소금 1큰술, 생강 다진 것 $\frac{1}{2}$큰술
홍고추 다진 것 3개

만드는 법

토마토는 8등분으로 깊게 칼집을 낸다.

쪽파는 4cm 길이로 썰고 무는 채칼로 아주 얇게 채썰고 양파, 당근은 5cm 길이로 얇게 채썬다.

분량의 양념 재료를 갈아서 볼에 넣고 먼저 무를 넣은 뒤 골고루 버무린다.

양파, 당근, 쪽파를 넣고 골고루 버무린다.

토마토 칼집 사이에 4를 넣고 바로 먹거나 하루 정도 실온에서 숙성한 뒤 냉장 보관한다.

미자언니의 꿀팁!
바로 먹어도 되지만 하루 정도 숙성시키면 발효돼 영양소가 더 풍부해진다.

참외장아찌

참외는 껍질째 먹으면 영양가가 더 풍부해집니다.
참외 껍질째 만든 참외장아찌는 색깔도 예쁘고 아삭아삭합니다.
숙성시키지 않고 바로 담가 먹을 수 있어서 더 좋아요.
냉장 보관하면 3일 정도 먹을 수 있습니다.

재료

• 2인 분량

참외 ——— 1개

• 절임물

물 $1\frac{1}{2}$컵, 간장 $\frac{1}{2}$컵
식초 $\frac{1}{2}$컵, 설탕 $\frac{1}{3}$컵

만드는 법

참외는 반으로 가르고 꼭지와 씨를 제거한다.

참외를 먹기 좋게 2cm 두께로 길게 자른다.

미자언니의 꿀팁!
참외를 껍질째 먹으면 소화불량을 줄여주고 노폐물을 걸러서 혈관에도 좋다.

분량의 절임물 재료를 냄비에 넣어 센불에서 끓이고 물이 끓어오르면 5분 정도 더 끓인 뒤 식힌다.

자른 참외에 식힌 절임물을 붓는다.

열무피클

열무김치 대신 열무피클을 만들어보았습니다.
피자나 파스타에 곁들여도 맛있지만 액젓이 들어가 한식에도 잘 어울립니다.
저징 반찬으로 더 풍성한 식딕을 만들어보세요.
소독한 유리병에 담고 냉장 보관하면 1달 정도 두고 먹을 수 있습니다.

재료

• 4인 분량

열무 ——— 1kg
홍고추 ——— 2개
청고추 ——— 2개

• 절임물

생강 편으로 썬 것 2조각, 식초 $\frac{1}{2}$컵
설탕 $1\frac{1}{2}$컵, 액젓(멸치, 꽃게) 3큰술
소금 2큰술, 후추 1큰술, 소주 1큰술

만드는 법

1 열무는 뿌리 부분을 제거한다.

2 홍고추, 청고추는 씨를 빼고 얇고 길게 채썬다.

3 분량의 절임물 재료를 냄비에 넣고 한소끔 끓인 뒤 체에 걸러 건더기는 버린다.

4 열무와 홍고추, 청고추에 절임물을 붓고 반나절 정도 실온에서 보관한 뒤 냉장 보관한다.

미자언니의 꿀팁!
열무는 섬유질이 많아서 절임물이 뜨거울 때 바로 부어야 더 부드러워진다.

쪽파장아찌

쪽파로 만든 장아찌는 면 요리에 곁들이면 무척 잘 어울리죠. 물론 밥 한 공기에도 그만입니다. 시원하면서도 맛있는 장아찌로 입맛을 돋우세요. 장아찌를 먹기 진 똬리를 틀어서 담으면 모양도 예쁘고 먹기도 편해요. 냉장 보관하면 1개월 정도 먹을 수 있습니다.

재료

• 4인 분량

쪽파 ——— 400g

홍고추 ——— 2개

• 절임물

간장 2컵, 물 2컵, 설탕 $\frac{3}{4}$컵
식초 1컵, 매실청 $\frac{1}{2}$컵

만드는 법

분량의 절임물 재료를 냄비에 넣고 한소끔 끓인다.

쪽파는 뿌리를 자르고 씻어서 물기를 제거한 뒤 뜨거운 절임물을 바로 붓고 식힌 다음 냉장 보관한다.

2일 뒤 절임장만 체에 걸러 끓여서 식히고 다시 쪽파에 부은 뒤 하루 정도 냉장 보관하고 다음 날부터 먹는다. 쪽파에 채썬 홍고추를 하나씩 끼우고 묶는다.

미자언니의 꿀팁!
절임물을 끓여서 한 번 더 부으면 좀 더 오래 보관할 수 있다.

단호박피클

아삭한 단호박만 있으면 색다른 피클을 만들 수 있습니다.
익숙한 피클과는 또 다른 매력이 있는 별미죠. 단단한 단호박은
전자레인지에 살짝 돌리면 쉽게 썰 수 있어요.
소독한 유리병에 담고 냉장 보관하면 1개월 정도 두고 먹을 수 있습니다.

재료

• 2인 분량

단호박 ——— 200g

• 절임물

설탕 $\frac{3}{4}$컵, 식초 1컵, 물 1컵
꽃소금 $1\frac{1}{2}$큰술, 참치액 1큰술

만드는 법

1 단호박은 속을 파내고 2등분 한 뒤 0.3cm 두께로 길게 슬라이스한다. 찬물에 10분 정도 담갔다 물기를 제거한다.

2 분량의 재료를 골고루 섞어서 절임물을 만들고 한소끔 끓인 뒤 식힌다.

3 단호박에 절임물을 붓는다. 하루 정도 실온 보관한 뒤 냉장 보관한다.

미자언니의 꿀팁!
단호박은 껍질에 영양가가 많으므로 껍질까지 먹는다. 굵은 소금으로 단호박 표면을 문지르고 식촛물에 3분 정도 담갔다가 깨끗이 씻는다.

모둠채소장아찌

냉장고에 있는 자투리 채소를 활용하기 좋은 반찬입니다. 무, 당근, 양파만 있어도 좋고 가끔은 비트나 콜라비 등 제철 채소를 사용해보세요. 채소를 건져 먹고 절임물을 보충해주면 1개월 정도 먹을 수 있어요. 꼭 냉장 보관해야 한다는 것을 잊지 마세요.

재료

● 4인 분량

무 ——— 1kg
양파 ——— 2개
당근 ——— 1개
홍고추 ——— 5개
청고추 ——— 5개
생강 ——— 1쪽
레몬 ——— 1개

● 절임물

간장 4컵, 물 3컵, 식초 $2\frac{1}{2}$컵
설탕 2컵, 매실청 $\frac{1}{2}$컵

만드는 법

무와 당근은 1cm 두께, 4cm 길이로 자르고 양파는 반으로 자른 뒤 4등분한다. 고추는 2cm 길이로 자르고 레몬은 얇게 슬라이스한다.

분량의 절임물 재료를 냄비에 넣고 한소끔 끓인 뒤 한김 식힌다.

무, 양파, 당근, 홍고추, 청고추, 생강, 레몬을 용기에 담고 2의 절임물을 붓는다.

3일 뒤 절임물만 체에 걸러 끓이고 식힌 뒤 다시 채소에 붓는다. 2~3회 반복한다. 1주일 정도면 숙성이 완료된다.

미자언니의 꿀팁!
레몬을 오래 담그면 쓴맛이 우러나오니 숙성한 뒤에는 레몬을 건진다.

칼국수집 겉절이

칼국수나 수제비에 절대 빠져서는 안 될 단짝 메뉴인 겉절이를 알배추로 간단하게 만들 수 있습니다. 칼국수집 겉절이는 오래 절이지 않고 아삭아삭하게 절이는 것이 중요합니다. 바로 냉장 보관하면 2~3일 정도 먹을 수 있지만 김치다 보니 좀 더 두고 먹을 수도 있습니다.

재료

• 4인 분량

알배추 ——— 1.2kg
쪽파 ——— 100g
소금 ——— $\frac{1}{4}$컵
물 ——— 1컵

• 양념

양파 100g, 배 $\frac{1}{4}$개, 사과 $\frac{1}{4}$개
홍고추 25g, 새우젓 25g, 액젓(멸치, 꽃게) 25g, 마늘 1쪽
고춧가루 $\frac{3}{4}$컵, 매실청 2큰술, 물엿 1큰술
꽃소금 $\frac{1}{2}$큰술, 설탕 $\frac{1}{2}$큰술, 생강 간 것 $\frac{1}{4}$큰술

만드는 법

볼에 물과 소금을 넣고 푼다. 알배추는 먹기 좋은 크기로 잘라 소금물에 2시간 정도 절인 뒤 물에 헹궈 물기를 뺀다.

쪽파는 5~6cm 길이로 자른다.

분량의 양념 재료를 블렌더에 곱게 간다.

알배추, 쪽파와 3의 양념을 골고루 버무린 뒤 바로 냉장 보관한다.

미자언니의 꿀팁!
겉절이의 시원한 맛을 즐기려면 버무린 뒤 바로 냉장 보관한다.

섞박지깍두기

섞박지는 김치의 한 종류로 무와 김치를 섞어 만들었다고 해서 섞박지라고 부릅니다. 섞박지깍두기는 무를 큼직하게 썰어 양파, 쪽파 등과 함께 투박하게 먹는 깍두기입니다.
무가 맛있어지는 가을이나 겨울에 만들어두면 더 맛있게 먹을 수 있어요.
하루 정도 실온에서 숙성하고 냉장 보관합니다.

재료

● 4인 분량

무	1kg
양파	1개
쪽파	50g
소금	2큰술
설탕	2큰술

● 양념

배 50g, 양파 50g, 고춧가루 50g
홍고추 5개, 찹쌀풀 $\frac{2}{3}$컵
마늘 다진 것 2큰술, 새우젓 2큰술
액젓(멸치, 꽃게) 2큰술, 설탕 2큰술
매실청 1$\frac{1}{2}$큰술, 생강 다진 것 $\frac{1}{2}$큰술

● 찹쌀풀

찹쌀가루 2큰술
물 1컵

만드는 법

무는 2cm 두께, 3x5cm 크기로 자르고 양파는 채썰고 쪽파는 5cm 길이로 자른다.

무에 소금과 설탕을 넣고 5시간 정도 절인 뒤 채반에 펼쳐 물기를 제거한다.

찹쌀풀 재료를 냄비에 넣어 한소끔 끓이고 식힌다.

분량의 양념 재료를 블렌더에 곱게 간다.

절인 무와 양파, 쪽파를 4의 양념과 함께 버무린다.

미자언니의 꿀팁!
좀 더 익혀서 먹고 싶다면 실온에서 하루 정도 숙성한 뒤 냉장 보관한다.

보쌈무김치

무김치는 편육, 탕, 보쌈에 빠질 수 없는 저장 반찬입니다.
무를 꼬들꼬들하게 만드는 방법만 숙지한다면 어렵지 않게 완성할 수 있어요.
매일 먹는 김치가 질렸을 때 별미로 추천합니다.
바로 냉장 보관하고 너무 익기 전에 먹으면 됩니다.

재료

• 4인 분량

무 ——— 700g
쪽파 ——— 10g
물엿 ——— $\frac{1}{2}$컵
잣 ——— 2큰술
소금 ——— 1큰술

• 양념

고춧가루 $\frac{1}{2}$컵, 찹쌀풀 6큰술(찹쌀가루 2큰술+물 6큰술)
액젓(멸치, 꽃게) 2$\frac{1}{2}$큰술, 매실액 2큰술
설탕 1큰술, 물엿 1큰술, 마늘 다진 것 1큰술, 생강 다진 것 $\frac{1}{2}$작은술

만드는 법

무는 1x6cm 길이로 자르고 물엿, 소금을 넣어 4시간 정도 절인다.

절인 무는 물기를 꼭 짠다.

쪽파는 4cm 길이로 자른다.

미자언니의 꿀팁!
무를 물엿에 절이면 재료가 서로 달라붙어 식감이 더 좋고 윤기가 난다.

분량의 재료를 골고루 섞어 양념을 만든다.

무, 쪽파, 잣을 4의 양념과 골고루 섞고 바로 냉장 보관한다.

무오이피클

고추냉이가 들어가 개운하고 깔끔한 피클입니다.
고추냉이가 들어가는 피클이 낯설 수도 있지만
의외로 새로운 맛을 발견하게 될 거예요.
일반 피클처럼 도톰하게 썰어도 좋습니다.
소독한 유리병에 담고 냉장 보관하면 1개월 정도 두고 먹을 수 있습니다.

재료

• 4인 분량

무 — 500g
오이 — 100g
레몬 슬라이스한 것 — 1조각

• 절임물

설탕 ½컵, 식초 ½컵
고추냉이 1큰술, 소금 1큰술

만드는 법

무와 오이는 1x7cm 크기로 납작하고 길게 썬다.

분량의 재료를 골고루 섞어 절임물을 만든다.

무와 오이, 레몬에 절임물을 붓고 실온에서 1시간 정도 숙성시킨 뒤 냉장 보관한다. 하루 정도 숙성하고 먹으면 된다.

미자언니의 꿀팁!
고추냉이를 넣은 피클이라 고기에 곁들이면 좋다.

기본 국물과 양념

기본 국물과 기본 양념 만드는 법을 소개합니다.
넉넉히 만들어두면 요리를 빨리, 손쉽게 완성할 수 있습니다.
작은 노력으로 요리의 맛이 달라지는 기본 양념을 만들어보세요.

멸치국물

깔끔한 맛의 멸치국물은 국, 탕, 찌개, 찜 등에 사용되는 국물입니다. 된장찌개, 김치찌개, 두부전골 등 활용도가 높으니 이만큼 사랑받는 국물이 또 있을까 싶네요. 요리의 기본이 되는 만큼 한꺼번에 많이 만들어 소분한 뒤 냉동 보관하면 편합니다. 냉장 보관한다면 3~4일, 냉동 보관한다면 3개월 정도 보관 가능합니다.

재료

멸치(국물용) —— 30g
물 —— 10컵

만드는 법

1 멸치는 머리와 내장을 제거한다.

2 달군 팬에 멸치를 넣고 구수한 향이 날 때까지 볶는다.

3 2에 물을 넣어 끓이고 물이 끓어오르면 중불로 낮춘 뒤 10분 정도 더 끓인다.

4 고운 체로 멸치를 거르고 국물만 사용한다.

*소독한 병에 담아 보관한다.

멸치다시마국물

멸치다시마국물은 해산물을 사용하는 국, 찌개에 넣어 더 깊은 맛을 냅니다.
다시마를 오래 끓이면 국물이 걸쭉해지니 바로 건지는 것이 중요합니다.
냉장 보관하면 3~4일 정도 두고 먹을 수 있고 냉동 보관하면 3개월 정도 보관 가능합니다.

재료

멸치(국물용) —— 30g
다시마 —— 10g
물 —— 10컵

만드는 법

1

멸치는 머리와 내장을 제거한다.

2

달군 팬에 멸치를 넣고 구수한 향이 날 때까지 볶는다.

3

2에 다시마, 물을 넣어 끓이고 물이 끓어오르면 다시마를 건진 뒤 중불로 낮춰 10분 정도 더 끓인다.

4

고운 체로 멸치를 거르고 국물만 사용한다.
*소독한 병에 담아 보관한다.

맛간장

여러 요리에 두루두루 사용하는 맛간장은 감칠맛을 내는 중요한 양념입니다. 조림이나 국물, 볶음 등에 사용하죠. 한번 만들어놓으면 실온에서 6개월 정도 보관 가능하고 개봉하고 난 뒤에는 냉장 보관하고 3개월 정도 사용 가능합니다.

재료

- 간장 — 5컵
- 설탕 — $2\frac{1}{2}$컵
- 맛술 — $\frac{2}{3}$컵
- 청주 — $\frac{1}{2}$개
- 사과 — $\frac{1}{2}$개
- 레몬 — $\frac{1}{2}$개

● 국물

- 양파 100g
- 당근 25g
- 건새우 25g
- 마늘 2톨
- 표고버섯 15g
- 생강 10g
- 물 2컵
- 청주 $\frac{1}{2}$컵
- 통후추 $\frac{1}{2}$큰술

만드는 법

분량의 국물 재료를 적당히 잘라서 냄비에 넣고 국물이 반으로 줄 때까지 끓인다.

국물만 체에 거른다.

2의 국물과 간장과 설탕을 냄비에 넣고 끓이다가 팔팔 끓을 때 맛술과 청주를 넣은 뒤 한소끔 끓인다.

사과와 레몬을 껍질째 얇게 슬라이스해서 넣고 뚜껑을 닫은 뒤 24시간 숙성시킨다.

체에 걸러 건더기는 버리고 국물만 사용한다.

***소독한 병에 담아 보관한다.**

생강술

생선이나 고기의 잡내를 제거하기 위해 사용하는 생강술입니다.
냉장 보관하면 1주일 정도 사용 가능하니 넉넉하게 만들어두세요.
양념에 조금 넣어도 좋고 재료를 생강술에 살짝 절여도 좋습니다.

재료

생강 —— 200g
청주 —— 1컵

만드는 법

1 생강은 껍질을 벗긴 뒤 갈기 좋게 자른다.

2 생강과 청주를 곱게 간다.

3 체에 면포를 깔고 건더기를 거른 뒤 맑은 술만 사용한다.
*소독한 병에 담아 보관한다.

맛즙

음식에 풍미를 주고 싶을 때 사용하는 맛즙입니다.
냉동실에서 1개월 정도 보관 가능합니다. 해동한 맛즙은 바로 사용해야 하니
얼음 틀에 얼려서 필요할 때마다 조금씩 꺼내서 사용하면 좋아요.
해동한 맛즙이 남았다면 냉장실에서 5일 정도 보관 가능합니다.

재료

배 —— 100g
무 —— 100g
양파 —— 100g
마늘 —— 15쪽
생강 —— 5g

만드는 법

1 모든 재료는 깨끗이 씻고 적당한 크기로 자른다.

2 블렌더에 모든 재료를 곱게 갈고 체에 면포를 깐 뒤 건더기를 거른다.

3 맑은 즙만 짜서 사용한다.
*소독한 병에 담아 보관한다.

미자언니네 집밥

1판 1쇄 발행 2020년 11월 5일
1판 6쇄 발행 2025년 11월 28일

지은이 선미자
편집인 김도은

진행 김민영
사진 한정수(Studio etc)
디자인 엄자영
마케팅 정민호 서지화 한민아 이민경 왕지경 정유진 한경화 정경주 김혜원 김예진 이서진
브랜딩 함유지 박민재 이송이 박다솔 조다현 김하연 이준희
저작권 박지영 형소진 주은수 오서영 조경은
제작 강신은 김동욱 이순호
제작처 한영문화사

펴낸곳 (주)문학동네
펴낸이 김소영
출판등록 1993년 10월 22일 제2003-000045호
임프린트 테이스트북스 taste BOOKS

주소 10881 경기도 파주시 회동길 210
문의전화 031)955-8888
팩스 031)955-8855
전자우편 editor@munhak.com

ISBN 978-89-546-7558-1 13590

www.munhak.com